Multikocher Kochbuch

Die leckersten und abwechslungsreichsten Rezepte für die Küchenmaschine

Anna-Lena Gräfe

Email: info@edition-lunerion.de
www.edition-lunerion.de

Psiana eCom UG
Berumer Str. 44
26844 Jemgum

Vorwort

Herrlich cremige Suppen, aromatische Aufläufe, zartes Fleisch, knackig frisches Gemüse, saftige Kuchen und das alles selbstgemacht? Klingt wie ein Traum und während Sie sich noch die Lippen lecken, verdirbt Ihnen der Gedanke an die Realität den Appetit: Das bedeutet erstmal jede Menge Arbeit. Falsch gedacht! Einkaufen müssen Sie zwar noch selbst, aber den Rest erledigt ab sofort jemand anders für Sie, und zwar Ihr Multikocher. Dünsten, garen, braten, kochen, frittieren – der treue Alleskönner lässt Sie nie im Stich!

Denn einmal nach Ihren Angaben programmiert sorgt der Multikocher mit präziser Temperatur-, Druck- oder Feuchtigkeitsregulierung dafür, dass Speisen immer exakt auf den Punkt gekocht oder gegart werden. Dabei kümmert er sich um Wildfond-Sauce so zuverlässig wie um Omas Linseneintopf, Lammragout gelingt ihm so perfekt wie Spargelrisotto und selbst Gemüsepizza, Pommes und Sonnenblumenbrot meistert der Allrounder souverän. Das klingt zu teuer, um wahr zu sein? Überhaupt nicht! Einsteigermodelle sind bereits für unter hundert Euro zu finden, worauf es bei Anschaffung, Nutzung und Pflege des Wundergeräts dann tatsächlich ankommt und welch vielfältige Köstlichkeiten Sie damit zaubern können, das zeigt Ihnen nun dieses Kochbuch. Also werfen Sie Mikrowelle, Fritteuse & Co. aus der Küche und machen Sie Platz für den neuen Star!

Guten Appetit!

INHALT

Alleskönner Multikocher

Bei einem Multikocher handelt es sich um ein Küchengerät, welches zahlreiche Funktionen verschiedener Küchenmaschine in sich vereint. In Zukunft können Sie also allerhand verschiedene Gerichte zubereiten, ohne dass Sie zuerst den Herd, dann den Ofen und zum Schluss noch die Mikrowelle oder gar die Fritteuse nutzen müssen, denn all das erledigt jetzt ein Gerät ganz allein. So lassen sich im Multikocher unterschiedliche Lebensmittel kombinieren. Sie müssen lediglich das passende Programm auswählen und mit Hilfe des Timers erhalten Sie am Ende das gewünschte Ergebnis, ohne dass Sie sich stundenlang in der Küche aufhalten müssen. Das Zubereiten von Speisen wird so ganz einfach automatisiert und Sie sparen nicht nur jede Menge Zeit, sondern auch noch Geld, denn die Anschaffung verschiedener Küchenmaschinen erübrigt sich jetzt.

So besteht ein Multikocher zum einen aus einem wärmeisolierenden Element, einer Schüssel im Inneren, welche herausgenommen werden kann, und zum anderen aus einem Steuerungs- sowie einem Heizelement. Die Schüssel wird demnach in den Multikocher gestellt, welcher das Heizelement enthält, sodass das Ganze auf die gewünschte Temperatur gebracht werden kann. Das Steuerungselement besteht hingegen aus einem Touchpad sowie aus Knöpfen. An diesem können Sie das passende Programm auswählen und einstellen. Der Multikocher wird außerdem mit einem Deckel verschlossen, sodass das Kondenswasser aufgefangen werden kann und die interne Hitze im Multikocher konstant bleibt. Einsteigermodelle sind inzwischen schon für unter hundert Euro zu haben. Diese bringen in der Regel mindestens acht Standardfunktionen mit. Beim Kauf eines solchen ‚Alleskönners' sollten Sie allerdings stets darauf achten, dass es sich um ein leistungsstarkes Gerät handelt. Zumal auch das Fassungsvermögen nicht gänzlich außer Acht gelassen werden sollte. Geht es um die Leistungsstärke, ist es ratsam einen Multikocher zu wählen, der eine Temperaturspanne von 20 bis 200 Grad Celsius mitbringt. Auf diese Wiese eignet sich das Gerät dann nicht nur zum Zubereiten von Teig sowie Joghurt, sondern ebenso zum Frittieren, Schnellgaren und Backen.

Wer etwas Stressfreiheit in seine Küche bringen möchte, ist gut beraten, wenn er sich einen Multikocher anschafft. Ist dieses Gerät einmal richtig programmiert, kann der Alleskönner wirklich sämtliche Kochprozesse eigenständig übernehmen, sodass Sie sich mit den schönen Dingen im Leben befassen können. Es ist sogar möglich, den Multikocher vor dem Gang zur Arbeit so einzustellen, dass Sie in der Mittagspause ein schmackhaftes Gericht genießen können. Gleiches ist ebenfalls möglich, wenn Sie Ihren Allkönner für ‚Meal Prep' nutzen möchten. Einmal entsprechend programmiert, haben Sie mit der Zubereitung der Speisen nichts mehr zu tun, bis das Signal ertönt, dass Ihre Mahlzeit fertig zubereitet ist. Demnach können Sie auch nachts bereits mit dem Vorkochen für den nächsten Tag beginnen.

Vergleichen Sie den Multikocher mit dem Slow Cooker, wird eines schnell ersichtlich: Der Multikocher verfügt über weitaus mehr Funktionen als ein Slow Cooker und benötigt außerdem nicht so viel Platz. Dennoch ist es aber hier möglich, das Programm „Schongaren" zu nutzen, sodass Sie auf dieses nicht verzichten müssen.

DAS ALLROUND-TALENT

Folgende acht Standartfunktionen bringt der Multikocher mit:

1. Funktion: Kochen
Mittels der Funktion „Kochen“ bringen Sie zum Beispiel Wasser für Nudeln oder Reis zum Kochen. Ebenso können Sie diverse Beilagen, wie Kartoffeln, Gemüse und Ähnliches, hier garen. In der Regel kommt es bei dieser Funktion zu Temperaturen zwischen 90 und 120 Grad Celsius.

2. Funktion: Köcheln
Bei dieser Funktion werden die Lebensmittel bei geringerer Hitze geköchelt, so dass diese meist dazu verwendet wird, um Speisen das gewisse Aroma zu verleihen. Demnach lässt sich mit diesem Programm hervorragend die eine oder andere Soße reduzieren. Ebenso ist es möglich, einen leckeren Eintopf vor sich hin garen zu lassen, während man selbst noch die eine oder andere Hausarbeit erledigt.

3. Funktion: Backen
Sowohl zum Backen von Teigen als auch zum Überbacken von Aufläufen eignet sich die Funktion „Backen“. Bei ungefähr hundert Grad Celsius können Sie somit in Ihrem Multikocher jederzeit einen leckeren Kuchen oder aber einen herzhaften Auflauf zubereiten.

4. Funktion: Schnellgaren
Dieses Programm sorgt dafür, dass die Lebensmittel im Multikocher unter Druck gesetzt werden. Ähnlich, wie in einem Schnellkochtopf, erzielen Sie so ein schnelleres Zubereiten diverser Speisen. Fisch oder Fleisch lassen sich mit Hilfe dieser Funktion auf den Punkt garen.

5. Funktion: Schongaren
Mittels des Multikochers ist ebenso Slow Cooking kein Problem mehr. Über ein Zeitfenster von mehreren Stunden ist es Ihnen hier möglich, bei geringen Temperaturen Fisch, Fleisch sowie Gemüse schonend zuzubereiten.

6. Funktion: Dünsten

Mit dem Programm „Dünsten“ lassen sich zum Beispiel Babynahrung oder kalorienarme Speisen zubereiten. Durch die schonende Garung in Wasser, in Brühe oder im eigenen Saft mit geringen Temperaturen bleiben Vitamine und Nährstoffe in den verwendeten Nahrungsmitteln erhalten. Zumal es auf diese Weise möglich ist, Speisen ohne Fett zu garen.

7. Funktion: Braten

Möchten Sie nicht auf ein krosses Schnitzel oder Ähnliches verzichten, müssen Sie ab jetzt nicht mehr extra die Bratpfanne aus dem Schrank holen, denn auch das erledigt der Multikocher jederzeit zuverlässig. Ganz egal, ob es sich um Fleisch, Meeresfrüchte, Gemüse oder andere Lebensmittel handelt, der Multikocher brät alles bei Temperaturen zwischen 130 und 160 Grad Celsius goldbraun an.

8. Funktion: Frittieren

Mit dem Multikocher hat auch endlich Ihre Fritteuse ausgedient, denn auch das knusprige Frittieren von Pommes Frites, Donuts, Berlinern, Chicken Nuggets und Co. ist mit diesem Gerät problemlos möglich.

Einige Multikocher bringen außerdem folgende Zusatzfunktionen mit:

1. Zusatzfunktion: Warmhalten

Es gibt einige Multikocher-Modelle, die außerdem die Zusatzfunktion „Warmhalten“ mitbringen. Dieses Programm arbeitet in der Regel mit einer Temperatur von 65 Grad Celsius. Zudem aktiviert sich diese Funktion bei Bedarf nach einigen Programmen automatisch. Haben Sie also ein Gericht im Multikocher zubereitet, hält dieser das Essen so lange warm, bis es auf den Teller kommt.

2. Zusatzfunktion: Aufwärmen

Mit Hilfe der Zusatzfunktion „Aufwärmen“ ist der Multikocher in der Lage, Ihr zuvor zubereitetes Essen bei Bedarf erneut zu erwärmen. Bei einer Temperatur zwischen 70 und 80 Grad Celsius können Sie somit jederzeit eine warme Mahlzeit genießen, ohne eine Mikrowelle besitzen zu müssen.

3. Zusatzfunktion: Timer
Zahlreiche Multikocher bringen außerdem einen zusätzlichen Timer mit. Auf diese Weise ist es Ihnen möglich, individuell die Temperatur sowie die Zeit festzulegen. Praktisch ist diese Zusatzfunktion vor allem, wenn Sie gerade unter Zeitdruck stehen oder aber die Portionsgröße Ihres Menüs verändert haben.

3. Zusatzfunktion: Grillen
Ein paar wenige Multikocher verfügen sogar über die Zusatzfunktion „Grillen", so dass schlechtes Wetter keine Rolle mehr spielt, wenn Sie gerade Lust auf eine krosse Rostbratwurst oder Ähnliches haben. In diesem Fall benötigen Sie allerdings einen speziellen Rosteinsatz in Ihrem Multikocher.

4. Zusatzfunktion: Dämpfen
Die Zusatzfunktion „Dämpfen" ist nicht gleichzusetzen mit der Funktion „Dünsten", denn bei Erstgenanntem werden die Speisen mit Hilfe von Wasserdampf gedämpft. Hierbei handelt es sich um eine schonende sowie kalorienarme Zubereitung von Nahrungsmitteln, denn Öl oder Fette werden hier nicht benötigt.

5. Zusatzfunktion: Joghurt/Teig
Die Zusatzfunktion „Joghurt und Teig" bringen nicht ganz so viele Multikochermodelle mit. Falls Ihr Gerät diese zusätzliche Funktion beinhaltet, können Sie sich in Zukunft auf selbstgemachten Joghurt freuen. Bei Temperaturen zwischen 30 und 60 Grad Celsius können Sie hier dann auch verschiedene Teige herstellen und diese im Multikocher gehen lassen.

6. Zusatzfunktion: Suppe
Mittels dieser Zusatzfunktion ist es Ihnen möglich, Brühe, Suppen, Eintöpfe sowie selbstgemachte Getränke herzustellen. Mit einer Temperatur zwischen 85 und 120 Grad Celsius können Sie demnach Gäste jederzeit mit allerlei Köstlichkeiten bewirten.

Lediglich das Grillen über einem offenen Feuer sowie das Rollen von Sushi kann der Multikocher nicht. Ansonsten lässt dieses Gerät hinsichtlich seiner zahlreichen Funktionen aber keinen Wunsch mehr offen. Hinzu kommt, dass Sie eigentlich alles zubereiten können, was Sie nur möchten. Es spielt keine Rolle, ob es sich um libanesische Falafel, indisches Curry oder um eine afrikanische Köstlichkeit handelt, denn Ihr Multikocher kann ein jedes Gericht zubereiten, ganz egal, woher dieses auch stammt. Darüber hinaus sparen Sie sich ab jetzt jede Menge Platz in der Küche, denn zahlreiche Geräte sind nicht mehr vonnöten. Hinzu kommt, dass jedes Menü, welches Sie im Multikocher zubereiten, besonders aromatisch schmeckt, denn während des Garungsprozesses werden alle Aromen konserviert. Bissfest, aber dennoch zart und frisch zaubern Sie kulinarische Köstlichkeiten auf den Tisch, ohne sich dafür in der Küche stressen lassen zu müssen. Zumal es inzwischen sogar Multikocher gibt, die mit Hilfe von Bluetooth oder Wifi gesteuert werden können. So ist es Ihnen in diesem Fall möglich, über eine App das gewünschte Programm Ihres Multikochers auszuwählen und das Gerät zu starten. Sobald Ihr Menü dann fertig gegart ist, bekommen Sie eine entsprechende Benachrichtigung.

DEN MULTIKOCHER RICHTIG REINIGEN

Wie Sie sehen, kann der Multikocher doch einiges. Es gibt nur wenig, was der Multikocher nicht kann. Dazu gehört leider auch die Reinigung. Bislang hat noch niemand einen Multikocher erfunden, der selbst nach dem Kochen wieder auf Hochglanz poliert ist. Ein Problem stellt aber auch das nicht dar, denn der Innentopf kann herausgenommen werden und somit im Nu mit etwas Spülmittel und Wasser gesäubert werden. Zumal dieser Topf auch in die Spülmaschine darf, da er zwar kratzfest, aber nicht beschichtet ist. Sollte sich hier im Inneren doch einmal etwas verfärben, hilft Essigwasser. Dieses einfach ein paar Minuten einwirken lassen, mit einem Lappen ausputzen sowie mit klarem Wasser ausspülen und schon blitzt und blinkt der Topf wieder. Lediglich das Gehäuse sollte allerdings nicht mit fließendem Wasser in Berührung kommen, denn Technik und Wasser vertragen sich bekanntlich nicht gut. Zumal das Gehäuse ohnehin kaum verschmutzt wird. Demnach reicht es völlig, den Multikocher vom Strom zu nehmen und das Gehäuse mit einem feuchten Tuch abzuputzen

Suppen, Eintöpfe & Saucen

LAUCH-KÄSE-SUPPE MIT HACK

4 Port.

20 Min.

Einfach

Zutaten

500 g Hack (gemischt)
500 g Schmelzkäse
800 ml Gemüsebrühe
200 g Crème fraîche
1 Stange Lauch
1 Knoblauchzehe
1 EL Öl
1 Bund Petersilie
½ TL Muskatnuss
Pfeffer
Salz

Nährwerte p. P.

810 kcal
4 g Kohlenhydrate
38 g Fett
70 g Eiweiß

1 Das gemischte Hack mit dem Öl in den Multikocher geben. Danach den Mixpaddel einsetzen und die Funktion „Braten“ auswählen. Das Hack zehn Minuten krümelig garen.

2 Währenddessen den Lauch säubern und in Ringe zerteilen. Die Knoblauchzehe ohne Schale in feine Würfel verwandeln und beide Zutaten zum Hack geben. Das Ganze mit der Gemüsebrühe löschen.

3 Im Anschluss die Funktion „Suppe“ auswählen und alles weitere zehn Minuten garen. Nach fünf Minuten die Crème fraîche sowie den Schmelzkäse in die Suppe rühren.

4 Zum Schluss die Suppe mit Pfeffer, Muskatnuss sowie Salz geschmacklich verfeinern und mit der zuvor gehackten Petersilie bestreuen.

CREMIGE SPARGELSUPPE

1 Port.

50 Min.

Einfach

Zutaten

100 ml Milch
500 g Spargel (weiß)
2 Kartoffeln (mittelgroß)
20 g Butter
1 l Wasser
½ TL Zucker
2 TL Salz
Etwas Zitronensaft
Etwa Muskatnuss
Pfeffer

Nährwerte p. P.

458 kcal
45 g Kohlenhydrate
22 g Fett,
16 g Eiweiß

1 Den Spargel sowie die Kartoffeln von ihrer Schale befreien. Die Kartoffeln in grobe Würfel teilen und die Spargelstangen halbieren.

2 Beide Zutaten in den Multikocher geben und das Wasser zugießen. Den Zucker, das Salz sowie die Butter ebenfalls dazugeben.

3 Jetzt das Programm „ Suppe“ auswählen und den Topf auf 40 Minuten einstellen.

4 Nach dieser Garzeit die Milch einrühren und alles ordentlich pürieren. Die Spargelsuppe im Anschluss mit etwas Zitronensaft, Pfeffer sowie Muskatnuss verfeinern.

CREMIGE BUTTERNUT-KÜRBISSUPPE

5 Port.

70 Min.

Einfach

Zutaten

750 ml Gemüsebrühe
300 g Kartoffeln
450 g Butternut Kürbis
2 Knoblauchzehen
50 g Butter
1 halbe Zwiebel (klein)
1 TL Currypulver
Etwas Chilipulver
Etwas Sahne
Pfeffer
Salz

Nährwerte p. P.

430 kcal
56 g Kohlenhydrate
15 g Fett
12 g Eiweiß

1 Die halbe Zwiebel sowie die beiden Knoblauchzehen schalenlos fein zerteilen. Beide Zutaten in den Multikocher geben und das Programm „Multifunktion“ auswählen. Die Butter zum Ganzen geben und alles unter Einsatz des Mixpaddels fünf Minuten lang bei 150 Grad Celsius garen.

2 Das Kürbis-Fruchtfleisch sowie die Kartoffeln ohne Schale in Würfel verwandeln. Beides zum Zwiebel-Knoblauch-Mix geben und alles zusammen erneut fünf Minuten rösten.

3 Jetzt das Ganze mit dem Currypulver bestreuen und gut vermengen. Im Anschluss die Brühe zugießen, den Mixpaddel verwenden und die Funktion „Schnelle Suppe“ auswählen. 50 Minuten muss das Ganze jetzt garen.

4 Danach die Kürbissuppe mit Pfeffer, Chilipulver sowie Salz würzen und alles fein pürieren. Die Kürbissuppe mit etwas Sahne verfeinern.

OMAS LINSENEINTOPF

4 Port.

50 Min.

Mittel

Zutaten

300 g Linsen (rot)
2 EL Olivenöl
6 Kartoffeln (mittelgroß)
1 Lorbeerblatt
2 Karotten
2 Zwiebeln
2 Knoblauchzehen
150 g Sellerie
200 g Speck (durchwachsen)
½ Stange Lauch
4 EL Tomatenmark
1 l Gemüsebrühe
1 TL Paprikapulver (edelsüß)
1 TL Essigessenz
1 Bund Petersilie (frisch)
1 TL Majoran
1 TL Kreuzkümmel (gemahlen)
½ TL Pfeffer

Nährwerte p. P.

662 kcal
72 g Kohlenhydrate
23 g Fett
34 g Eiweiß

1 Sowohl die Knoblauchzehen als auch die Zwiebeln von ihren Schalen lösen und alles in Würfel verwandeln. Beide Zutaten mit dem Olivenöl in den Multikocher geben. Danach das Programm „Braten“ auswählen und das Ganze bei 140 Grad Celsius rund 30 Minuten garen.

2 Jetzt den Speck ebenfalls würfeln und im Zwiebel-Knoblauch-Mix dünsten. Anschließend die Karotten von ihrer Schale befreien, in dünne Streifen teilen und auch in den Multikocher geben.

3 Nun die Kartoffeln sowie den Sellerie ohne Schale würfeln und zum Rest geben. Den Lauch säubern, in Ringe teilen und diese auch in den Topf legen. Danach das Tomatenmark, die Brühe und sämtliche Gewürze folgen lassen.

4 Jetzt den Deckel des Multikochers schließen und das Programm „Kochen“ auswählen. eine halbe Stunde muss alles garen.

5 Danach die roten Linsen mit heißem Wasser abbrausen, abtropfen und zum Gemüse geben. Den Deckel wieder schließen, das Programm „Kochen“ wählen und alles eine weitere Viertelstunde garen lassen.

6 Zum Schluss den Linseneintopf mit der zerhackten Petersilie bestreuen und mit Pfeffer sowie Salz geschmacklich verfeinern.

BUNTER GEMÜSE-ROSENKOHL-EINTOPF

2 Port. 60 Min. Einfach

Zutaten

3 Kartoffeln
2 Karotten
35 Rosenkohlköpfe (TK)
50 g Sellerie
2 Tomaten
1 Zwiebel
1 l Wasser
3 EL Öl
Etwas Schnittlauch (frisch)
Etwas Petersilie (frisch)
Pfeffer
Salz

Nährwerte p. P.

354 kcal
33 g Kohlenhydrate
16 g Fett
12 g Eiweiß

1 Die Zwiebel schalenlos in kleine Würfel teilen. Dann den Sellerie, die Kartoffeln und die Karotten von der Schale lösen und ebenfalls in kleine Stücke verwandeln. Die Tomaten in dieselbe Form bringen.

2 Anschließend das Programm „Braten" am Multikocher auswählen und bei 160 Grad Celsius die Zwiebelwürfel mit dem Öl anrösten.

3 Nach etwa drei Minuten die Sellerie- sowie die Karottenstücke zufügen. Nach einer weiteren kurzen Garzeit dann die Tomaten zum Ganzen geben und alles mit einem Liter Wasser auffüllen. Anschließend die Gewürze in den Eintopf geben.

4 Danach den Rosenkohl hineinlegen, das Programm „Dünsten" auswählen, den Deckel schließen und alles eine Stunde garen lassen. Nach der Garzeit eventuell den Eintopf nachwürzen.

MÖHREN-EINTOPF MIT KARTOFFELN

4 Port.

30 Min.

Einfach

Zutaten

5 Möhren
1 kg Kartoffeln
1 l Gemüsebrühe
2 Lorbeerblätter
50 g Butter
1 Zwiebel
2 Gewürznelken
2 Pimentkörner
2 Pfefferkörner
2 Wacholderbeeren
1 TL Kümmel

Nährwerte p. P.

339 kcal
50 g Kohlenhydrate
11 g Fett
7 g Eiweiß

1 Sowohl die Möhren als auch die Kartoffeln von ihren Schalen befreien und in Würfel verwandeln. Die Zwiebel ohne Schale in dieselbe Form bringen.

2 Jetzt den Multikocher auf das Programm „Braten“ stellen und die Butter sowie die Zwiebelwürfel hier hineingeben.

3 Nach einer kurzen Zeit des Dünstens die Hälfte der Kartoffel- und Möhrenwürfel zugeben und alles circa zehn Minuten weiterbraten lassen.

4 Anschließend die Gemüsebrühe zugießen und das übrige Gemüse dazugeben. Jetzt noch sämtliche Gewürze in einen Teebeutel füllen und diesen mit in den Eintopf geben.

5 Zum Schluss den Deckel des Multikochers schließen, das Programm „Suppe“ wählen und den Eintopf zehn Minuten kochen lassen. Das Ganze im Anschluss unter Umständen nachwürzen.

DEFTIGER KARTOFFEL-EINTOPF

4 Port.

60 Min.

Einfach

Zutaten

1 kg Kartoffeln
500 g Wiener Würstchen
2 Zwiebeln
2 Möhren
1 l Wasser
½ Stange Lauch
1 EL Butter
2 TL Salz
1 TL Pfeffer
½ Sellerieknolle
2 Lorbeerblätter
1 Bund Petersilie
Etwas Muskatnuss

Nährwerte p. P.

539 kcal
49 g Kohlenhydrate
32 g Fett
24 g Eiweiß

1 Die Möhren, die Zwiebeln, den Sellerie sowie die Kartoffeln ohne Schale in Würfel zerteilen. Den Lauch säubern und in Ringe verwandeln.

2 Im Anschluss den Multikocher auf „Dünsten“ stellen und die Butter mit dem zerkleinerten Gemüse sowie den Lorbeerblättern in den Topf geben. Mit Einsatz des Mixpaddels das Ganze zehn Minuten garen.

3 Danach alles mit dem Wasser auffüllen und mit den Gewürzen geschmacklich verfeinern.

4 Jetzt den Multikocher wieder schließen, die Funktion „Köcheln“ wählen und den Eintopf 40 Minuten garen lassen.

5 Zum Schluss noch die Wiener Würstchen in Scheiben teilen, diese ebenfalls in den Eintopf geben und hier kurz erwärmen. Das Ganze mit der zuvor gehackten Petersilie bestreuen.

TOMATENSAUCE

4 Port. 20 Min. Einfach

Zutaten

400 g gehackte Tomaten (Dose)
1 Knoblauchzehe
1 Zwiebel
2 EL Olivenöl
2 EL Tomatenmark
1 TL Paprikapulver (edelsüß)
1 TL Salz
Etwas Pfeffer
1 TL Oregano
½ TL Zucker
150 ml Wasser

Nährwerte p. P.

115 kcal
8 g Kohlenhydrate
9 g Fett
1 g Eiweiß

1 Sowohl die Knoblauchzehe als auch die Zwiebel von ihrer Schale befreien und in Würfel zerteilen. Beides zusammen mit dem Olivenöl in den Multikocher geben und das Programm „Braten" wählen.

2 Die Zwiebel- und Knoblauchwürfel glasig dünsten und anschließend das Tomatenmark einrühren. Das Ganze nach kurzer Bratzeit mit den Dosentomaten aufgießen.

3 Jetzt noch sämtliche Gewürze zur Sauce geben und das Ganze abschmecken. Danach das Wasser dazugeben und alles so lange köcheln lassen, bis es fast gänzlich verkocht ist.

Tipp: Die Tomatensauce passt zu Pizza sowie zu Pasta und kann natürlich ebenfalls mit Hack verfeinert werden!

WILDFOND-SAUCE

10 Port.

240 Min.

Mittel

Zutaten

1 kg Knochen vom Reh oder Hirsch
4 Möhren
2 Gemüsezwiebeln
1 Stange Lauch
250 ml Rotwein (trocken)
2 l Wasser
1 Petersilienwurzel
2 Petersilienzweige
2 Knoblauchzehen
3 Gewürznelken
2 Lorbeerblätter
1 EL Thymian
1 EL Pflanzenöl
1 EL Tomatenmark
2 Salbeiblätter
1 TL Liebstöckel
½ TL Wacholderbeeren
½ TL Pimentkörner
½ TL Pfeffer (bunt)
Etwas Orangenzeste
Etwas Speisestärke

Nährwerte p. P.

169 kcal
5 g Kohlenhydrate
3 g Fett
23 g Eiweiß

1 Die Knochen unter Wasser abbrausen und in ein Sieb zum Abtropfen legen. Dann das gesamte Gemüse säubern, eventuell von der Schale lösen und in Stücke zerteilen. Die Gemüsezwiebeln ohne Schale in Viertel schneiden. Die Knoblauchzehen schalenlos stückeln und zerdrücken.

2 Jetzt das Öl in den Multikocher geben und das Programm „Braten“ wählen. Anschließend die Knochen hier hineinlegen und diese von allen Seiten braten. Danach die Knochen aus dem Topf nehmen und an die Seite legen.

3 In demselben Öl nun das gesamte Gemüse braten. Das Tomatenmark im Anschluss einrühren und nach einer weiteren kurzen Röst-zeit alles mit dem Rotwein sowie dem Wasser auffüllen. Die Knochen mit in das Ganze geben.

4 Jetzt noch sämtliche Gewürze dazugeben, den Deckel des Multikochers schließen und die Funktion „Suppe“ wählen. Mindestens drei Stunden sollte das Ganze jetzt vor sich hin garen.

5 Nach der Garzeit alles durch ein Sieb schütten und den klaren Fonds mit Speisestärke andicken.

Tipp: Die perfekte Sauce zu jedem Wildgericht!

SÜSSE VANILLESAUCE

4 Port.

10 Min.

Einfach

Zutaten

350 ml Vollmilch
1 Vanilleschote
3 Eigelb
1 TL Speisestärke
1 Prise Salz
50 g Zucker

Nährwerte p. P.

150 kcal
17 g Kohlenhydrate
7 g Fett
5 g Eiweiß

1 Die kalte Milch mit der Speisestärke, dem Zucker, den Eigelben sowie der Prise Salz im Multikocher klumpenfrei mischen.

2 Das Ganze dann aufkochen lassen. Währenddessen das Vanillemark aus der Schote kratzen und auch dieses zum Milch-Mix geben.

3 Danach den Kocher schließen, das Programm „Multikocher“ auswählen und die Vanillesauce bei 120 Grad Celsius zehn Minuten köcheln lassen.

Tipp: Schmeckt zu Pancakes, Waffeln, Wackel- oder Schoko-Pudding sowie zu zahlreichen anderen Desserts!

Beilagen

SAFRAN-KARTOFFELN

2 Port. 250 Min. Einfach

Zutaten

2 Zwiebeln (groß)
2 EL Öl
1 Knoblauchzehe
1 kg Kartoffeln (Drillinge)
50 g Rosinen
200 ml Gemüsefonds
1 EL Ras el Hanout
1 Prise Salz
1 Prise Safran

Nährwerte p. P.

681 kcal
109 g Kohlenhydrate
19 g Fett
12 g Eiweiß

1 Das Öl in den Multikochereinsatz geben und die zuvor klein gehackten Zwiebeln sowie die Knoblauchzehe darin anbraten.

2 Zeigen die Knoblauch- und Zwiebelstücke eine leichte Bräune, kann das Ras el Hanout zugegeben werden.

3 Während das Ganze noch ein bisschen vor sich hin schmort, die kleinen Kartoffeln abschrubben und diese dann mit in den Kocher geben.

4 Jetzt noch den Safran in dem Gemüsefonds lösen und das Salz sowie die Rosinen einrühren. Danach den Deckel des Multikochers schließen, das Programm „Schongaren" auswählen und die Safran-Kartoffeln vier Stunden garen lassen.

5 Die letzten 20 Minuten sollten mit der Funktion „Braten" beendet werden, damit die Kartoffeln schön goldbraun werden.

Tipp: Zu den Safran-Kartoffeln kann ein leckerer Hackbraten gereicht werden!

CHAMPIGNON-BRATKARTOFFELN

2 Port.

30 Min.

Einfach

Zutaten

500 g Champignons (frisch)
7 Kartoffeln (mittelgroß)
1 Zwiebel
3 EL Öl
Etwas Schnittlauch
Pfeffer
Salz

Nährwerte p. P.

423 kcal
51 g Kohlenhydrate
16 g Fett
13 g Eiweiß

1 Die Champignons säubern und die Kartoffeln von ihren Schalen befreien. Beides anschließend mittig teilen und in Scheiben verwandeln. Die Zwiebel ohne Schale in Würfel verwandeln.

2 Jetzt das Öl in den Multikocher geben und die Funktion „Braten" auswählen. Bei 140 Grad Celsius dann die Pilzscheiben im offenen Topf anbraten.

3 Im Anschluss die Zwiebelwürfel zugeben und nach ungefähr zehn Minuten die Kartoffelscheiben. Den Multikocher schließen und das Ganze weitere 15 Minuten braten lassen.

Tipp: Schweinerippchen á la BBQ schmecken hier gut dazu!

TOMATEN-AUBERGINEN-MIX

1 Port. 30 Min. Einfach

Zutaten

2 Auberginen
2 Zwiebeln
100 g Pasta
250 g Dosentomaten
4 EL Öl
1 TL Zucker
1 TL Essig
Pfeffer
Salz

Nährwerte p. P.

238 kcal
29 g Kohlenhydrate
9 g Fett
4 g Eiweiß

1 Die Auberginen säubern und in Scheiben teilen. Danach das Öl mit dem Zucker, dem Essig sowie etwas Salz und Pfeffer mischen und die Auberginen-Scheiben in diesen Mix für 20 Minuten einlegen.

2 Währenddessen die Zwiebeln von ihren Schalen befreien und diese dann in feine Würfel zerteilen. Am Multikocher danach das Programm „Braten" auswählen und die Zwiebelwürfel hier anbraten. Diese dann herausnehmen und erst einmal an die Seite stellen.

3 Jetzt die Auberginenscheiben bei 140 Grad Celsius mit demselben Programm im Multikocher anbraten. Sind diese goldbraun, bestreuen Sie sie noch mit Pfeffer und Salz.

4 Anschließend die Zwiebelwürfel wieder zu den Auberginen geben. Die Tomaten und die Pasta auch dazugeben und alles mischen.

5 Jetzt den Multikocher schließen, das Programm „Multifunktion" mit einer Temperatur von 120 Grad Celsius auswählen und alles 10 Minuten garen lassen.

KARTOFFEL-GEMÜSE-PUFFER

2 Port. 40 Min. Mittel

Zutaten

2 Knoblauchzehen
400 g Kartoffeln
1 Möhre
150 g Gouda (gerieben)
1 ml Olivenöl
1 Zwiebel
Etwas Petersilie
Etwas Dill
Pfeffer
Salz

Nährwerte p. P.

456 kcal
40 g Kohlenhydrate
21 g Fett
26 g Eiweiß

1 Die Möhre sowie die Kartoffeln ohne Schale raspeln. Gleiches mit dem Knoblauch und der Zwiebel vornehmen.

2 Anschließend alle Zutaten mit den Gewürzen und der halben Menge Gouda mischen.

3 Danach den Multikocher mit Backpapier versehen und dieses mit dem Olivenöl bestreichen. Jetzt die Kartoffel-Gemüse-Puffer-Masse in den Multikocher geben und gut verteilen. Den übrigen Gouda über das Ganze streuen.

4 Zum Schluss den Kocher schließen, das Programm „Backen“ wählen. Das Ganze muss nun 40 Minuten garen.

GRILL-TOMATEN MIT KRÄUTER

2 Port. 10 Min. Einfach

Zutaten

4 EL Olivenöl
2 Fleischtomaten (groß)
1 EL Oregano
3 Rosmarinzweige (frisch)
1 Knoblauchzehe
Pfeffer
Salz

Nährwerte p. P.

279 kcal
9 g Kohlenhydrate
28 g Fett
3 g Eiweiß

1 Die Fleischtomaten kurz abbrausen und trocknen. Diese dann mittig teilen, mit Salz sowie Pfeffer bestreuen und die Hälften wieder zusammensetzen.

2 Jetzt den Multikocher mit Öl einstreichen und die Fleischtomaten mit der Schnittfläche nach unten in den Kocher setzen. Die Rosmarinzweige um die Tomaten verteilen.

3 Jetzt den Multikocher schließen, das Programm „Grill" auswählen und die Tomaten zehn Minuten garen.

COUSCOUS-SALAT

6 Port.

10 Min.

Einfach

Zutaten

500 g Couscous
20 g Butter
600 ml Gemüsebrühe
1 Fleischtomate
1 Zwiebel (rot)
2 EL Olivenöl
1 EL Zitronensaft
½ Salatgurke
1 Paprika (gelb)
Etwas Petersilie (frisch)

Nährwerte p. P.

180 kcal
22 g Kohlenhydrate
8 g Fett
5 g Eiweiß

1 Die Gemüsebrühe in den Multikocher geben und den Deckel schließen. Jetzt das Programm „Multifunktion" auswählen und das Ganze zehn Minuten kochen lassen.

2 Danach den Couscous in die Brühe geben und alles zwei Minuten quellen lassen. Anschließend die Butter in den Couscous rühren und alles mit einer Gabel etwas auflockern.

3 Jetzt die Paprika, die Zwiebel, die Fleischtomate sowie die Salatgurke säubern und in kleine Würfel zerteilen. Alle Gemüsewürfel unter den Couscous mischen.

4 Das Ganze zum Schluss noch mit etwas zerhackter Petersilie, dem Zitronensaft sowie dem Olivenöl abschmecken.

SEMMELKNÖDEL

4 Port. 30 Min. Einfach

Zutaten

1 Päckchen Semmelbrot
1 EL Butter
250 ml Milch (heiß)
1 Bund Petersilie
1 Zwiebel
3 Eier
1 TL Salz
½ TL Pfeffer
1 Prise Muskatnuss

Nährwerte p. P.

291 kcal
43 g Kohlenhydrate
7 g Fett
13 g Eiweiß

1 Die Butter in den Multikocher geben und die Funktion „Braten“ bei 140 Grad Celsius für eine halbe Stunde einstellen.

2 Danach die Zwiebel ohne Schale in ganz kleine Würfel verwandeln und diese dann fünf bis sieben Minuten lang im Multikocher glasig dünsten. Anschließend die Zwiebelwürfel in eine Schüssel füllen.

3 Jetzt das Semmelbrot mit der heißen Milch in den Topf geben und alles eine Viertelstunde einweichen lassen. Währenddessen die Petersilie zerhacken und diese im Anschluss mit den anderen Gewürzen und den Eiern unter die Semmelbrot-Milch-Masse kneten, bis sich aus dem Teig Semmelknödel formen lassen.

4 Aus dem Teig dann drei Zentimeter große Knödel kreieren. Dann Wasser in den Multikocher füllen und das Programm „Kochen“ wählen. Beginnt das Wasser, zu sprudeln, die Knödel in den Topf geben und diese 15 bis 20 Minuten ohne Deckel garen lassen.

KARTOFFELKNÖDEL

4 Port. 30 Min. Einfach

Zutaten

1 kg Kartoffeln (mehlig)
2 Eier
50 g Butter
50 g Kartoffelmehl
1 TL Salz
Etwas Muskatnuss

Nährwerte p. P.

373 kcal
53 g Kohlenhydrate
8 g Fett
8 g Eiweiß

1 Die Kartoffeln samt Schale garen. Danach die Schale entfernen und diese fein zerstampfen, solange sie noch heiß sind.

2 Jetzt die Butter zugeben und diese im Kartoffelbrei zergehen lassen. Danach das Kartoffelmehl, die Eier sowie Salz und Muskatnuss zugeben und das Ganze in einen glatten Knödelteig verwandeln. Aus dem Teig dann Knödel kreieren.

3 Danach ausreichend Wasser in den Multikocher füllen und das Programm „Kochen" einstellen. Beginnt das Wasser, zu brodeln, die Kartoffelknödel hineingeben und diese 10 bis 15 Minuten im offenen Multikocher garen.

BUNTES GEMÜSE-RISOTTO

4 Port. 50 Min. Einfach

Zutaten

800 ml Gemüsebrühe (heiß)
250 g Risotto-Reis
100 ml Sahne
1 Zucchini
1 Möhre
1 Brokkoli (klein)
1 Zwiebel
1 Dose Mais (klein)
1 EL Öl
100 g Parmesankäse (gerieben)

Nährwerte p. P.

520 kcal
60 g Kohlenhydrate
18 g Fett
25 g Eiweiß

1 Sämtliche Gemüsesorten säubern, gegebenenfalls von der Schale lösen und in feine Würfel teilen.

2 Danach den Multikocher auf „Braten" einstellen, den Mixpaddel einsetzen, die Zwiebelwürfel mit dem Öl hineingeben und den Kocher auf 15 Minuten einstellen.

3 Die Zwiebel fünf Minuten braten. Anschließend das übrige Gemüse zugeben und alles weitere fünf Minuten rösten.

4 Den Risotto-Reis dann die letzten fünf Minuten zum Gemüse-Mix geben und anschwitzen. Im Anschluss die heiße Gemüsebrühe zugießen.

5 Jetzt das Programm „Reis" auswählen und den Timer auf 35 Minuten stellen. Nach 20 Minuten die Sahne unter das Ganze mischen und anschließend alles weitere 15 Minuten köcheln lassen. Zum Schluss noch den geriebenen Parmesankäse unterheben.

CHAMPIGNON-RISOTTO

4 Port. 20 Min. Einfach

Zutaten

250 g Champignons
400 g Risotto-Reis
2 Zwiebeln
800 ml Gemüsebrühe (heiß)
100 ml Sahne
80 g Parmesankäse (gerieben)
1 Bund Petersilie
Etwas Olivenöl
Pfeffer
Salz

Nährwerte p. P.

552 kcal
77 g Kohlenhydrate
15 g Fett
25 g Eiweiß

1 Die Zwiebel schalenlos in kleine Würfel teilen. Die Champignons säubern und ebenfalls in kleine Stücke verwandeln.

2 Jetzt ein bisschen Olivenöl in den Multikocher geben, die Zwiebelwürfel zufügen und das Programm „Braten" wählen. Die Zwiebelstückchen glasig braten.

3 Danach die Champignons zufügen und das Ganze erneut ungefähr fünf Minuten rösten. Anschließend den Risotto-Reis kurz mit anschwitzen.

4 Das Ganze mit der heißen Gemüsebrühe löschen. Dann den Deckel des Multikochers schließen und das Programm „Kochen" wählen.

5 Nach 20 Minuten die Sahne unter das Champignon-Risotto rühren. Nach weiteren 15 Minuten den Parmesankäse zugeben und die zuvor gehackte Petersilie. Das Gericht mit Pfeffer sowie Salz würzen.

Hauptgerichte mit Fleisch

ZARTES RINDFLEISCH

1 Port.

120 Min.

Mittel

Zutaten

200 g Rindfleisch
1 Karotte
Pfeffer
Salz

Nährwerte p. P.

269 kcal
5 g Kohlenhydrate
8 g Fett
43 g Eiweiß

1 Das Rindfleisch kurz abbrausen und trockentupfen. Die Karotte von ihrer Schale befreien und dann in Ringe zerteilen.

2 Das Rindfleisch jetzt mit den Möhrenscheiben in den Multikocher geben und mit Pfeffer sowie Salz bestreuen.

3 Jetzt noch ½ Tasse Wasser dazugeben und den Deckel des Multikochers schließen. Die Funktion „Dünsten" auswählen und das Rindfleisch zwischen 1 ½ und 2 Stunden garen.

Tipp: Kartoffelknödel schmecken hervorragend dazu! Genauso, wie die cremige Spargelsuppe als Vorspeise!

FEINES LAMM-RAGOUT

6 Port. 360 Min. Einfach

Zutaten

800 g Lammfleisch (von der Schulter ohne Knochen)
2 Knoblauchzehen
100 g Speck
1 Zwiebel
2 EL Tomatenmark
2 EL Olivenöl
200 ml Rotwein (trocken)
200 ml Rinderbrühe
Pfeffer
Salz

Nährwerte p. P.

289 kcal
4 g Kohlenhydrate
14 g Fett
30 g Eiweiß

1 Den Multikocher auf das Programm „Braten“ einstellen. Dann die Zwiebel, die Knoblauchzehen sowie den Speck in Würfel teilen und alles im Multikocher mit dem Olivenöl anbraten.

2 Danach die Funktion“ Schongaren“ wählen und das zuvor gewürfelte Lammfleisch mit allen Zutaten zum Gemüse geben.

3 Den Deckel des Multikochers schließen und das Ganze sechs Stunden garen.

Tipp: Zum Lamm-Ragout schmecken die selbstgemachten Semmelknödel besonders gut! Wer eine Vorspeise reichen möchte, könnte in diesem Fall die cremige Butternut-Kürbissuppe vorbereiten!

PULLED-PORK

4 Port. | 420 Min. | Mittel

Zutaten

600 g Schweineschulter (ohne Knochen)
400 ml Gemüsebrühe
8 Kartoffeln
2 Knoblauchzehen
2 Zwiebeln
2 EL Knoblauchsalz
4 EL Cayennepfeffer
4 EL Paprikapulver
Salz

Nährwerte p. P.

478 kcal
32 g Kohlenhydrate
19 g Fett
44 g Eiweiß

1 Die Zwiebel ohne Schale in Würfel teilen und die Knoblauchzehen ebenfalls schalenlos fein hacken. Die Kartoffeln kurz säubern und in Hälften schneiden.

2 Das Fleisch kurz abbrausen und anschließend mit sämtlichen Gewürzen ausgiebig einreiben.

3 Jetzt das Gemüse in den Multikocher geben und darauf das Schweinefleisch legen. Im Anschluss die Gemüsebrühe zugießen und den Deckel des Kochers schließen.

4 Jetzt noch das Programm „Schongaren" am Gerät auswählen und das Ganze sieben Stunden garen lassen. Nach der Garzeit das Fleisch mit einer Gabel vom Knochen zupfen.

Tipp: Grill-Tomaten mit Kräutern eignen sich hier gut als Beilage! Wer eine leckere Vorspeise vorweg reichen möchte, könnte den Möhren-Eintopf mit Kartoffeln zubereiten!

SCHWEINEFLEISCH SÜSS-SAUER

6 Port.

90 Min.

Mittel

Zutaten

700 g Schweineschulter (gewürfelt)
1 Paprika (grün)
1 Tasse Ananassaft
1 Zwiebel
1 TL Sojasoße
80 ml Weißweinessig
1 Bund Lauchzwiebeln
½ Tasse Zucker (braun)
1 TL Maisstärke
80 ml Ketchup
Pfeffer
Salz

Nährwerte p. P.

270 kcal
22 g Kohlenhydrate
8 g Fett
26 g Eiweiß

1 Die Zwiebel von ihrer Schale lösen und in Würfel teilen. Die Paprika abwaschen, von ihren Kernen befreien und in Streifen verwandeln. Dann die Frühlingszwiebeln abbrausen und in Ringe teilen.

2 Jetzt den Multikocher auf „Braten" einstellen und sämtliche Zutaten, abgesehen von der Maisstärke, in den Topf geben.

3 Jetzt den Deckel schließen und alles für 80 Minuten garen. Danach noch die Maisstärke in etwas Wasser einrühren und diese dazu verwenden, die Soße anzudicken.

Tipp: Als Vorspeise eignet sich hier hervorragend der bunte Gemüse-Rosenkohl-Eintopf. Das Champignon-Risotto könnte hier als passende Beilage dienen!

FRANZÖSISCHES BUTTER-HÜHNCHEN

6 Port.

120 Min.

Mittel

Zutaten

300 ml Hühnerbrühe
6 Hühnerbrustfilets
80 g Petersilie (getrocknet)
250 ml Weißwein (trocken)
100 g Butter
200 g französischer Schinken
2 Möhren
1 Zwiebel
1 Stange Sellerie
Pfeffer
Salz

Nährwerte p. P.

295 kcal
2 g Kohlenhydrate
16 g Fett
37 g Eiweiß

1 Zuerst einmal den französischen Schinken, die Zwiebel ohne Schale, die Möhren und den Sellerie in Würfel teilen. Dieselbe Form dem französischen Schinken geben.

2 Dann am Multikocher das Programm „Köcheln" auswählen. Die Petersilie fein hacken und diese mit Salz sowie Pfeffer auf die Hühnerbrustfilets verteilen.

3 Anschließend das Gemüse mit der Butter, der Brühe, dem Weißwein sowie den Filets in den Kocher geben. Den Deckel des Multikochers schließen und alles 90 Minuten garen.

4 Zum Schluss noch die Filets in Streifen zerteilen.

Tipp: Zu diesem Gericht passt das bunte Gemüse-Risotto sehr gut. Als Vorspeise eignet sich die Lauch-Käse-Suppe mit Hack hervorragend!

SCHWEINERIPPCHEN Á LA BBQ

 6 Port.

 480 Min.

 Einfach

Zutaten

1 ½ kg Schweinerippen
80 g Ketchup
300 ml BBQ-Soße
2 EL Sojasoße
2 EL Zucker (braun)
1 TL Senf (scharf)
2 EL Worcestershire-Soße
Pfeffer
Salz

Nährwerte p. P.

453 kcal
12 g Kohlenhydrate
23 g Fett
49 g Eiweiß

1 Am Multikocher das Programm „Schongaren" auswählen.

2 Dann sämtliche Soßen mit dem Ketchup, dem Senf und dem Zucker mischen.

3 Die Schweinerippen mit Salz sowie Pfeffer bestreuen und anschließend mit der Marinade bepinseln.

4 Die Rippchen jetzt in den Multikocher geben, den Deckel schließen und diese acht Stunden garen.

5 Nach der Garzeit die Rippchen noch mit der übriggebliebenen Soße bestreichen.

Tipp: Dazu schmecken die Champignon-Bratkartoffeln ausgezeichnet. Als Vorspeise könnte außerdem der Kartoffel-Eintopf herhalten!

WÜRZIGER HACKBRATEN

8 Port.

60 Min.

Mittel

Zutaten

800 g Rinderhack
80 ml Ketchup
4 Eier
1 Tasse Parmesankäse (gerieben)
1 Zwiebel
1 EL Senf (scharf)
2 TL Rindfleischgewürz
2 Tassen Rinderbrühe
1 TL Sojasoße
Pfeffer
Salz

Nährwerte p. P.

319 kcal
4 g Kohlenhydrate
23 g Fett
24 g Eiweiß

1 Am Multikocher das Programm „Schnellgaren“ auswählen. Dann die Zwiebel schalenlos hacken.

2 Danach das Rinderhack mit den Eiern, dem Parmesankäse, der Zwiebel sowie sämtlichen Gewürzen gut vermischen.

3 Anschließend aus dem Hack einen Braten formen und diesen in den Multikocher legen. Die Rinderbrühe zugießen und den Deckel des Topfes schließen. Eine Dreiviertelstunde muss der Braten jetzt garen.

4 Währenddessen den Senf mit dem Ketchup sowie der Sojasoße mischen. Die Soße mit Pfeffer sowie Salz verfeinern und zum Schluss über den Hackbraten geben.

Tipp: Dazu schmecken die Safran-Kartoffeln sehr gut! Zumal es vorab Omas Linseneintopf geben könnte!

ZARTER SCHWEINEBRATEN

8 Port. | 420 Min. | Mittel

Zutaten

1 ½ kg Schweinenacken (ohne Knochen)
150 ml Bier (dunkel)
2 Möhren
2 Zwiebeln
1 EL Salz
2 EL Senf (süß)
1 EL Pfeffer
Etwas Gemüsebrühe (Pulver)

Nährwerte p. P.

387 kcal
3 g Kohlenhydrate
25 g Fett
38 g Eiweiß

1 Den Schweinenacken rundum mit Salz, Pfeffer, Gemüsebrühe sowie Senf versehen.

2 Anschließend die Funktion „Braten" am Multikocher einstellen und das Fleisch von allen Seiten bei 170 Grad Celsius braun anbraten. Danach das Fleisch aus dem Kocher nehmen und an die Seite stellen.

3 Die Möhren sowie die Zwiebeln von ihrer Schale befreien. Erstgenanntes in Scheiben zerteilen und die Zwiebeln fein würfeln. Beide Zutaten ebenfalls in den Kocher legen und anbraten.

4 Im Anschluss den Schweinenacken auf das Gemüse legen, das Bier zugießen und den Deckel schließen. Das Programm „Schongaren" am Multikocher wählen und den Schweinebraten sieben Stunden garen.

Tipp: Als Beilage könnten hier die Champignon-Kartoffeln gereicht werden!

SCHINKEN-GULASCH

4 Port.

320 Min.

Mittel

Zutaten

1 kg Schinkengulasch
1 EL Öl
2 EL Senf
2 Tomaten (groß)
3 Zwiebeln
2 Knoblauchzehen
Etwas Paprikapulver
Etwas Mehl zum Andicken
Pfeffer
Salz

Nährwerte p. P.

403 kcal
5 g Kohlenhydrate
18 g Fett
55 g Eiweiß

1 Zuerst das Schinkengulasch mit Paprikapulver, Salz sowie Pfeffer würzen. Dann den Multikocher auf „Braten“ stellen und das Fleisch 20 Minuten braun anbraten.

2 In der Zwischenzeit die Zwiebeln, die Knoblauchzehen und die Tomaten in kleine Stücke teilen und alles nach 20 Minuten zum Gulasch geben. Auch den Senf einrühren.

3 Alles gut mischen und anschließend so viel Wasser zugießen, bis das Fleisch bedeckt ist. Danach den Deckel des Kochers schließen, das Programm „Schongaren“ auswählen und das Gulasch fünf Stunden garen.

4 30 Minuten vor Ende der Garzeit dann ein wenig Mehl in Wasser auflösen und damit das Gulasch andicken.

Tipp: Zum Schinken-Gulasch passen die Semmel-Knödel besonders gut!

ZARTER RINDERBRATEN

4 Port.

420 Min.

Mittel

Zutaten

800 g Rinderbraten
30 g Speckwürfel
2 EL Öl
1 EL Senf
1 Zwiebel
250 g Suppengemüse
200 g Champignons
750 ml Rinderbrühe
Etwas Paprikapulver (rosenscharf)
Pfeffer
Salz

Nährwerte p. P.

460 kcal
7 g Kohlenhydrate
29 g Fett
42 g Eiweiß

1 Den Multikocher auf „Braten“, 45 Minuten, stellen. Danach das Öl mit den Speckwürfeln kross anbraten.

2 Den Rinderbraten abbrausen, trocknen und mit Pfeffer, Paprikapulver sowie Salz bestreuen. Danach mit dem Senf einstreichen.

3 Den Braten ebenfalls im Multikocher circa 20 Minuten scharf anbraten. Danach das Fleisch aus dem Kocher nehmen und erst einmal warmstellen.

4 Das Suppengemüse sowie die Zwiebel in kleine Stücke zerteilen. Die Zwiebel ebenfalls im Bratfett glasig dünsten. Danach das Gemüse zugeben und bissfest garen.

5 Die Pilze säubern, in Scheiben teilen und für fünf Minuten zum Gemüse-Mix geben. Danach den Rinderbraten auf das Gemüse legen und die Rinderbrühe zugießen.

6 Jetzt den Deckel des Multikochers schließen, die Funktion „Schongaren“ auswählen und den Braten sechs Stunden garen lassen.

Tipp: Die Kartoffel-Gemüse-Puffer wären hier eine schmackhafte Beilage!

Hauptgerichte mit Fisch

LACHSFILET MIT ERBSEN

1 Port. 20 Min. Einfach

Zutaten

100 g Lachsfilet
3 EL Erbsen (Dose)
1 Knoblauchzehe
1 Zitrone
1 EL Öl
Pfeffer
Salz

Nährwerte p. P.

349 kcal
8 g Kohlenhydrate
24 g Fett
26 g Eiweiß

1 Die Knoblauchzehe aus ihrer Schale lösen und klein zerhacken. Diese dann mit Öl, Pfeffer sowie Salz verrühren.

2 Den Lachs mit Zitronensaft beträufeln und den Öl-Knoblauch-Mix auf den Fisch streichen.

3 Jetzt den Multikocher auf „Dampfgaren" einstellen, den Deckel schließen und den Lachs fünf bis sieben Minuten garen.

4 Die Erbsen abtropfen lassen und zum Lachs geben.

Tipp: Zu diesem Gericht passt der Couscous-Salat sehr gut!

LACHS IM NUSSIGEN MANTEL

2 Port. 45 Min. Einfach

Zutaten

270 g Lachssteak
15 g Pinienkerne
15 g Walnüsse
1 ½ l Wasser
Pfeffer
Salz

Nährwerte p. P.

384 kcal
3 g Kohlenhydrate
26 g Fett
35 g Eiweiß

1 Den Lachs mit Pfeffer sowie Salz bestreuen. Dann die Walnüsse und die Pinienkerne fein zerhacken.

2 Das Wasser in den Multikocher gießen und den Fisch in den Behälter zum Schongaren legen. Die zerhackten Nüsse über dem Lachs verteilen.

3 Jetzt den Deckel des Kochers schließen, die Funktion „Schongaren“ einstellen und den Lachs 35 Minuten garen.

Tipp: Als Beilage eignet sich hier der Tomaten-Auberginen-Mix hervorragend!

GEBACKENER WOLFSBARSCH

4 Port.

60 Min.

Einfach

Zutaten

2 Stücke Wolfsbarsch (küchenfertig)
Saft einer Zitrone
2 EL Öl
1 Zwiebel
1 Kartoffel (mittelgroß)
180 ml Weißwein (trocken)
180 ml Wasser
1 Prise Dill
Pfeffer
Salz

Nährwerte p. P.

210 kcal
5 g Kohlenhydrate
9 g Fett
20 g Eiweiß

1 Die Wolfsbarschstücke säubern, mit Zitronensaft beträufeln und mit Pfeffer, Dill und Salz würzen.

2 Ein EL Öl in den Multikocher geben und die Zwiebel sowie die Kartoffel ohne Schale in Scheiben verwandeln. Beides in den Multikocher geben und obenauf den Fisch legen.

3 Mit dem übrigen Öl die Wolfsbarschstücke einstreichen. Dann das Wasser sowie den Weißwein zugießen.

4 Den Multikocher auf „Backen“ stellen, den Deckel schließen und das Ganze eine Dreiviertelstunde garen lassen.

Tipp: Wer eine Sauce wünscht, kann hier eine Tomatensauce im Multikocher zubereiten!

SCHELLFISCH IN PAPRIKA-TOMATENSOẞE

4 Port. 75 Min. Einfach

Zutaten

4 Schellfischfilets
1 Paprika (grün)
½ Aubergine
400 g gehackte Tomaten (Dose)
1 Zwiebel
2 EL Olivenöl
Pfeffer
Salz

Nährwerte p. P.

251 kcal
7 g Kohlenhydrate
9 g Fett
34 g Eiweiß

1 Die Aubergine abbrausen und in Würfel verwandeln. Die Paprika ohne Stiel und Kerne in dieselbe Form bringen. Auch die Zwiebel schalenlos würfeln.

2 Danach das Olivenöl in den Multikocher geben und das Gemüse darüber verteilen. Auch die gehackten Tomaten hineingeben und alles mit Pfeffer sowie Salz verfeinern.

3 Auf das Gemüse dann die Schellfischfilets legen, den Deckel des Kochers schließen und das Programm „Schongaren“ auswählen. Eine Stunde gilt es jetzt, das Ganze zu garen.

SEELACHSFILET IM KNUSPERMANTEL

1 Port.

25 Min.

Einfach

Zutaten

150 g Seelachsfilet
1 TL Zitronensaft
½ Tasse Cornflakes
1 Ei
1 TL Mehl
Pfeffer
Salz

Nährwerte p. P.

804 kcal
127 g Kohlenhydrate
14 g Fett
38 g Eiweiß

1 Das Seelachsfilet abbrausen, trocknen und mit Zitronensaft versehen. Danach mit etwas Salz bestreuen.

2 Jetzt das Ei verrühren und mit Pfeffer sowie Salz verfeinern. Die Cornflakes grob zerkleinern.

3 Danach den Fisch erst im Mehl, dann im Ei und zu guter Letzt in den Cornflakes wälzen.

4 Anschließend den Multikocher auf „Backen" stellen und den Fisch hineinlegen. Den Deckel schließen und das Ganze circa eine Viertelstunde backen.

PANGASIUSFILET IN GEMÜSEKRUSTE

4 Port.

60 Min.

Einfach

Zutaten

700 g Pangasius-Filet
1 Stange Porree
1 Knoblauchzehe
½ Paprika (rot)
½ Paprika (grün)
½ Paprika (gelb)
1 Zucchini (klein)
1 Zitrone
2 EL Paniermehl
2 EL Öl
Frische gehackte Kräuter
Etwas Chilipulver
Etwas Koriander
100 g Gouda (gerieben)
Pfeffer
Salz

Nährwerte p. P.

404 kcal
14 g Kohlenhydrate
16 g Fett
49 g Eiweiß

1 Sämtliches Gemüse, abgesehen von der Knoblauchzehe, ohne Kerne und Schale in kleine Stücke zerteilen. Den Knoblauch hingegen aus der Schale lösen und durch eine Presse drücken. Die Kräuter fein zerhacken.

2 Danach die Funktion „Braten“ am Multikocher einstellen und das gesamte Gemüse mit dem Öl sowie den Kräutern im Kocher anbraten. Dieses anschließend herausnehmen und erst einmal beiseitestellen.

3 Dann den Fisch mit dem Saft der Zitrone einreiben und mit Pfeffer, Koriander, Chilipulver sowie Salz bestreuen. Anschließend den Fisch ebenfalls von beiden Seiten anbraten.

4 Währenddessen den Gemüse-Kräuter-Mix mit dem Paniermehl vermengen. Jetzt auf den Fisch die Gemüse-Kräuter-Mischung verteilen und den geriebenen Gouda über das Ganze geben.

5 Den Deckel des Multikochers schließen, die Funktion „Backen“ auswählen und alles eine halbe Stunde garen.

DORSCH MIT TOMATEN-KAPERN-SOẞE

4 Port.

40 Min.

Einfach

Zutaten

4 Stücke Dorsch
180 g gehackte Tomaten (Dose)
30 g Kapern
2 EL Olivenöl
2 Knoblauchzehen
1 Zwiebel
1 Chilischote (rot)

Nährwerte p. P.

214 kcal
4 g Kohlenhydrate
9 g Fett
30 g Eiweiß

1 Die Knoblauchzehen schalenlos in feine Würfel verwandeln und mit dem Olivenöl zusammen in den Multikocher geben.

2 Das Programm „Braten“ am Kocher auswählen und den Knoblauch dünsten.

3 Währenddessen die Zwiebel klein zerteilen und die Chilischote ohne Kerne und Stiel fein zerhacken. Beide Zutaten nach fünf Minuten zum Knoblauch geben.

4 Nach weiteren fünf Minuten die Kapern zufügen und anschließend die Dosentomaten zugießen. Jetzt ebenfalls den Dorsch auf das Ganze legen.

5 Den Deckel des Multikochers schließen, die Funktion „Kochen“ auswählen und alles zehn Minuten garen lassen.

LACHSFILET AUF SPINAT MIT ROSINEN

4 Port. 20 Min. Einfach

Zutaten

4 Lachsfilets (küchenfertig)
600 g Spinat (frisch)
15 g Petersilie
1 Zwiebel
10 g Dill
2 EL Olivenöl
50 g Pinienkerne
40 g Rosinen
Pfeffer
Salz

Nährwerte p. P.

658 kcal
19 g Kohlenhydrate
41 g Fett
51 g Eiweiß

1 Den Multikocher auf „Dämpfen“ stellen und etwas Wasser in den Topf füllen.

2 Den Lachs mit Pfeffer sowie Salz bestreuen. Jetzt den Fisch mit den zuvor zerhackten Kräutern in den Einsatz legen, den Topf schließen und alles circa 15 Minuten dämpfen.

3 Währenddessen schon einmal die Zwiebel von ihrer Schale lösen und klein zerhacken.

4 Ist der Fisch fertig gegart, diesen warmstellen.

5 Den Multikocher jetzt auf das Programm „Braten“ umstellen und die Zwiebel mit dem Öl hier anbraten. Danach den Spinat zugeben. Fällt dieser dann leicht in sich zusammen alles mit Pfeffer sowie Salz verfeinern.

6 Den Spinat dann aus dem Kocher nehmen und ebenfalls warmstellen. Jetzt noch kurz die Pinienkerne sowie die Rosinen anbraten.

7 Zu guter Letzt den Spinat auf den Tellern verteilen, den Lachs obenauf legen und alles mit den Rosinen und Pinienkernen versehen.

Vegetarische Hauptgerichte

BÄRLAUCH-PASTA MIT FETAKÄSE

2 Port.

40 Min.

Einfach

Zutaten

250 g Pasta
100 g Bärlauch
2 EL Butter
200 g Fetakäse
100 g Schmand
1 Zwiebel
1 l Gemüsebrühe
1 Prise Zucker
Pfeffer
Salz

Nährwerte p. P.

1457 kcal
76 g Kohlenhydrate
72 g Fett
33 g Eiweiß

1 Die Zwiebel aus ihrer Schale lösen und in feine Würfel teilen. Diese dann mit der Butter in den Multikocher geben.

2 Am Multikocher das Programm „Braten" auswählen und die Zwiebelwürfel anbraten. Das Programm so einstellen, dass zehn Minuten lang alles auf 140 Grad Celsius gart.

3 Zwischenzeitlich den Bärlauch abbrausen und den Fetakäse in kleine Würfel teilen. Dann beide Zutaten mit der Pasta, der Gemüsebrühe und dem Schmand zu den Zwiebelwürfeln geben. Das Mixpaddel einsetzen und den Multikocher auf „Kochen" stellen.

4 Jetzt noch den Deckel schließen und alles so lange garen, bis die Nudeln bissfest sind. Zum Schluss das Ganze mit Pfeffer, Salz und einer Prise Zucker abschmecken.

BANDNUDELN MIT FETAKÄSE UND SPARGEL

4 Port.

15 Min.

Einfach

Zutaten

350 g Bandnudeln
500 g Spargel (grün)
1 Bund Kresse
12 Kirschtomaten
200 g Fetakäse
1 Knoblauchzehe
1 Zwiebel
400 ml Milch
400 ml Wasser
200 ml Sahne
1 EL Zitronensaft
3 EL Öl
Pfeffer
Salz

Nährwerte p. P.

739 kcal
73 g Kohlenhydrate
37 g Fett
28 g Eiweiß

1 Die Enden des grünen Spargels von ihrer Schale lösen. Danach den Spargel in Stücke zerteilen. Die Zwiebel sowie die Knoblauchzehe ohne Schale würfeln. Den Fetakäse in dieselbe Form bringen.

2 Anschließend sämtliche Zutaten, außer die Kresse, in den Multikocher geben und das Mixpaddel einsetzen. Den Topf dann schließen und die Funktion „Kochen" wählen.

3 Das Ganze nach Kochzeit der Bandnudeln garen.

4 Zum Schluss die kleingeschnittene Kresse über die Bandnudeln verteilen und das Ganze eventuell noch einmal nachwürzen.

RISOTTO MIT SPARGEL

2 Port. 40 Min. Einfach

Zutaten

500 g Spargel (grün)
150 g Risotto-Reis
3 EL Parmesan (gerieben)
1 Knoblauchzehe
1 Zwiebel
2 EL Butter
2 Rosmarinzweige
700 ml Wasser
1 EL Öl
Pfeffer
Salz

Nährwerte p. P.

528 kcal
56 g Kohlenhydrate
22 g Fett
21 g Eiweiß

1 Sowohl die Knoblauchzehe als auch die Zwiebel schälen und in feine Würfel teilen. Danach den Multikocher auf Funktion „Braten" stellen und die Knoblauch- und Zwiebelwürfel in einem EL Öl bei 140 Grad Celsius fünf Minuten braten.

2 Anschließend vom Spargel lediglich die Enden schälen und die Spargelstangen dann in Stücke teilen.

3 Jetzt die Spargelstücke mit dem Risotto-Reis und den Rosmarinzweigen zu dem Knoblauch-Zwiebel-Mix geben. Das Ganze weitere fünf Minuten braten.

4 Danach die Gemüsebrühe sowie das Wasser zugießen und das Programm „Köcheln" wählen. Den Multikocher schließen und alles 25 Minuten garen lassen.

5 Nach der Garzeit die Butter sowie den Parmesankäse unterrühren und das Ganze mit Pfeffer und Salz verfeinern.

SALZKARTOFFELN MIT SPARGEL UND HOLLANDAISE

2 Port.

35 Min.

Mittel

Zutaten

500 g Kartoffeln (Drillinge)
500 g Spargel (weiß)
220 g Butter (zerlassen)
½ TL Zucker
½ TL Salz
Etwas Wasser
2 Eigelbe
1 EL Zitronensaft
1 EL Naturjoghurt
1 TL Senf
Pfeffer

Nährwerte p. P.

1129 kcal
52 g Kohlenhydrate
95 g Fett
13 g Eiweiß

1 Den Spargel von seiner Schale befreien und die Enden abtrennen. Die Spargelstangen dann alle halbieren.

2 Anschließend die Kartoffeln von ihrer Schale lösen und diese ebenfalls teilen.

3 Dann so viel Wasser in den Multikocher gießen, dass der Dampfeinsatz nicht mit diesem bedeckt wird. In das Wasser ½ TL Zucker sowie ½ TL Salz geben.

4 Danach die Kartoffeln sowie die Spargelstücke in den Einsatz füllen und alles mit 20 g zerlassener Butter bestreichen.

5 Jetzt die Funktion „Dampfgaren“ für eine Viertelstunde einstellen und den Deckel des Kochers schließen.

6 Währenddessen die Eigelbe mit dem Naturjoghurt, dem Zitronensaft, dem Senf sowie Pfeffer und Salz mischen. Das Ganze dann mit einem Stabmixer verrühren und schluckweise 200 g der zerlassenen Butter zugeben. Die Hollandaise-Sauce mit Salz sowie Pfeffer abschmecken. Alles zusammen anrichten.

KÄSE-SPÄTZLE MIT SCHNITTLAUCH

4 Port.

20 Min.

Einfach

Zutaten

500 g Spätzle
4 Zwiebeln
200 g Emmentaler
1 Bund Schnittlauch
3 EL Butter
Pfeffer
Salz

Nährwerte p. P.

486 kcal
35 g Kohlenhydrate
27 g Fett
23 g Eiweiß

1 Die Zwiebeln von ihrer Schale befreien und in feine Scheiben trennen.

2 Dann die Butter in den Multikocher geben und das Programm „Braten" bei 140 Grad Celsius für zehn Minuten auswählen.

3 Die Zwiebelscheiben in der Butter schön braun anrösten. Diese anschließend leicht mit Salz bestreuen.

4 Den Zwiebel-Butter-Mix aus dem Multikocher herausnehmen und an die Seite stellen. Jetzt die Spätzle mit einer ausreichenden Menge Salzwasser in den Kocher geben. Den Deckel schließen und das Programm „Kochen" wählen. Die Spätzle nach angegebener Zeit garen.

5 Danach die Spätzle abgießen und wieder zurück in den Multikocher geben. Den Emmentaler und den Zwiebel-Mix unter die Spätzle mischen und das Ganze mit dem kleingeschnittenen Schnittlauch sowie Pfeffer und Salz verfeinern.

ZUCCHINI-KARTOFFEL-AUFLAUF

 4 Port.
 40 Min.
 Einfach

Zutaten

7 Kartoffeln (groß)
1 Zucchini
1 Fleischtomate
½ Bund Petersilie
200 ml Sahne
100 g Gouda (gerieben)
1 Zwiebel
Etwas Basilikum
Etwas Knoblauchpulver
Etwas Thymian
Pfeffer
Salz

Nährwerte p. P.

335 kcal
29 g Kohlenhydrate
20 g Fett
12 g Eiweiß

1 Die Kartoffeln von ihrer Schale befreien und diese dann in Scheiben teilen. Danach die Kartoffelscheiben in den Multikocher geben und diese nicht ganz mit kochendem Salzwasser bedecken. Jetzt das Programm „Multifunktion" am Topf auswählen, den Deckel schließen und die Kartoffeln eine Viertelstunde garen.

2 Währenddessen die Zucchini sowie die Zwiebel ebenfalls in Scheiben verwandeln. Die Zucchinischeiben auf die Kartoffeln legen und die halbe Menge Zwiebel darüber verteilen. Alles mit Thymian, Pfeffer sowie Salz verfeinern.

3 Anschließend die Fleischtomate ebenfalls in Scheiben schneiden. Diese auf die Zucchinischeiben verteilen und darauf dann die übrigen Zwiebel geben. Alles mit Basilikum, Knoblauchpulver, Salz sowie Pfeffer würzen.

4 Zum Schluss noch die Sahne dazu gießen und den geriebenen Gouda über alles streuen. Jetzt den Deckel schließen, die Funktion „Backen" wählen und das Ganze 20 Minuten garen lassen.

5 Danach den Auflauf mit der zuvor zerhackten Petersilie bestreuen.

SPAGHETTI IN PILZ-SAHNE-SOẞE

4 Port.

30 Min.

Einfach

Zutaten

250 g Champignons
250 g Spaghetti
250 g Sahne
2 Zwiebeln
50 g Butter
1 Bund Dill
1 Würfel Gemüsebrühe
1 Knoblauchzehe
50 g Parmesankäse (gerieben)
Pfeffer
Salz

Nährwerte p. P.

414 kcal
26 g Kohlenhydrate
30 g Fett
10 g Eiweiß

1 Die Zwiebel ohne Schale in feine Würfel teilen. Die Champignons säubern und in große Würfel schneiden. Beide Zutaten mit der Butter in den Multikocher geben.

2 Den Kocher auf „Braten" stellen und die Champignon- sowie Zwiebelwürfel eine Viertelstunde braten.

3 Danach die Spaghetti zugeben und diese mit Wasser bedecken. Den Würfel Gemüsebrühe zufügen und die Funktion „Pasta" wählen. Den Deckel schließen und alles zehn Minuten mit Einsatz des Paddels garen lassen.

4 Kurz bevor die Garzeit zu Ende ist, die Sahne sowie den Parmesankäse zufügen. Die zuvor zerhackte Knoblauchzehe ebenfalls zugeben.

5 Das Ganze dann noch mit Pfeffer sowie Salz verfeinern und beim Anrichten mit dem Dill bestreuen.

GEFÜLLTE REISBLÄTTER

4 Port.

20 Min.

Mittel

Zutaten

2 Avocados
16 Reisblätter
2 Möhren
4 EL Sojasoße
250 g Tofu
1 Salatgurke
1 Bund Pfefferminze
150 g Sesam
2 Tassen Wasser

Nährwerte p. P.

614 kcal
35 g Kohlenhydrate
45 g Fett
17 g Eiweiß

1 Die Möhren sowie die Avocados ohne Schale in Streifen teilen. Die Salatgurke in Stifte schneiden und den Tofu klein hacken.

2 Dann am Multikocher die Funktion „Dampfgaren“ einstellen.

3 Jetzt die Reisblätter ein wenig anfeuchten und mit sämtlichen Zutaten füllen.

4 Die Blätter anschließend rollen und mit einem Zahnstocher fixieren. Diese dann in den Dampfeinsatz legen, zwei Tassen Wasser einfüllen und den Deckel schließen. Nach einer Viertelstunde sind die gefüllten Reisblätter dann fertig gegart.

ZITRONENGRAS-KOKOSNUSS-TOFU

4 Port.

35 Min.

Einfach

Zutaten

2 Chilischoten (rot)
80 g Koriander (frisch)
2 Stangen Zitronengras
350 g Tofu
200 g Erbsen
400 ml Kokosnuss-wasser
2 EL Paprikapulver
Pfeffer
Salz

Nährwerte p. P.

144 kcal
9 g Kohlenhydrate
5 g Fett
11 g Eiweiß

1 Den Tofu in Würfel verwandeln. Die Chilischoten ohne Kerne in Scheiben teilen und den frischen Koriander fein zerhacken.

2 Danach am Multikocher das Programm „Köcheln" auswählen und sämtliche Zutaten in den Topf geben.

3 Jetzt den Deckel des Topfes schließen und das Ganze eine halbe Stunde köcheln lassen.

4 Zum Schluss noch das Zitronengras entfernen und das Gericht servieren.

BLUMENKOHLREIS MIT SESAM-SOßE

6 Port.

20 Min.

Einfach

Zutaten

1 Blumenkohl
4 EL Sesam
4 EL Butter
2 EL Sojasoße (salzig)
1 Tasse Wasser
4 EL Sesamöl
1 TL Reisessig
2 TL Ingwer (getrocknet)
1 TL Gemüse-Öl
1 TL Maissirup
Pfeffer
Salz

Nährwerte p. P.

175 kcal
4 g Kohlenhydrate
16 g Fett
4 g Eiweiß

1 Den Blumenkohl säubern, den Strunk entfernen und den Rest klein hacken.

2 Danach am Multikocher die Funktion „Kochen“ einstellen und alle Zutaten, außer Sesam, im Topf mischen.

3 Jetzt den Multikocher schließen und das Ganze 20 Minuten garen lassen.

4 Zum Schluss den Blumenkohlreis mit dem frischen Sesam bestreuen.

FETA-AUBERGINEN-ROLLEN

4 Port.

20 Min.

Mittel

Zutaten

250 g Fetakäse
2 Auberginen
4 EL Olivenöl
2 TL Rosmarin (getrocknet)
Pfeffer
Salz

Nährwerte p. P.

441 kcal
68 g Kohlenhydrate
10 g Fett
13 g Eiweiß

1 Die Auberginen kurz abbrausen, trocknen und dann in etwas breitere Streifen trennen. Den Fetakäse in Würfel teilen.

2 Jetzt am Multikocher das Programm „Backen“ wählen.

3 Auf die Auberginenstreifen das Olivenöl pinseln und je einen Fetakäse-Würfel mit einem Auberginen-Streifen umwickeln. Das Ganze mit einem Zahnstocher feststecken.

4 Die Feta-Auberginen-Rollen in den Multikocher legen, den Deckel schließen und diese 20 Minuten backen.

CHAMPIGNONS GEFÜLLT

4 Port.

45 Min.

Mittel

Zutaten

400 g Champignons
250 g Cheddar (gerieben)
250 g Frischkäse
2 Zwiebeln (rot)
2 Knoblauchzehen
50 g Thymian (frisch)
Pfeffer
Salz

Nährwerte p. P.

459 kcal
8 g Kohlenhydrate
36 g Fett
25 g Eiweiß

1 Die Champignons säubern und den Stiel entfernen. Dann die Knoblauchzehen sowie die roten Zwiebeln ohne Schale fein zerhacken. Den Thymian ebenfalls in diese Form bringen.

2 Danach am Multikocher das Programm „Backen“ einstellen.

3 Jetzt den Frischkäse mit den Zwiebeln, den Knoblauchzehen sowie dem Cheddar mischen und mit den Gewürzen verfeinern.

4 Den Frischkäse-Mix in die Champignons geben und diese in den Multikocher legen. Den Deckel schließen und die gefüllten Pilze 40 Minuten backen lassen.

Vegane Hauptgerichte

WÜRZIGES CHILI SIN CARNE

8 Port.

50 Min.

Mittel

Zutaten

250 g Mais
250 g Tomaten
400 g Soja-Hack
200 g Tomatensoße
2 Zwiebeln
300 g Kidneybohnen
2 Knoblauchzehen
1 TL Chilisoße
Pfeffer
Salz

Nährwerte p. P.

140 kcal
13 g Kohlenhydrate
4 g Fett
8 g Eiweiß

1 Sowohl die Zwiebeln als auch die Knoblauchzehen schalenlos fein zerhacken. Die Tomaten abbrausen und ebenfalls fein zerteilen. Den Mais sowie die Kidneybohnen abgießen.

2 Jetzt den Multikocher auf „Schnellgaren" einstellen, sämtliche Zutaten hineingeben und das Ganze einmal ordentlich umrühren.

3 Zu guter Letzt den Deckel schließen und das Ganze eine Dreiviertelstunde garen. Unter Umständen das Menü vor dem Servieren noch einmal nachwürzen.

GEMÜSE-PFANNE MIT QUINOA

 4 Port.
 30 Min.
 Einfach

Zutaten

1 Avocado
1 Zwiebel
1 Paprika (rot)
1 Chilischote
180 g Quinoa
1 Knoblauchzehe
1 Dose Erbsen (klein)
1 Dose Kidneybohnen
1 Dose Mais
360 ml Gemüsebrühe
1 TL Senf
2 EL Tomatenmark
1 EL Olivenöl
½ TL Paprikapulver
½ TL Kreuzkümmel
Saft einer halben Zitrone
Etwas Koriander (frisch)
Pfeffer
Salz

Nährwerte p. P.

504 kcal
55 g Kohlenhydrate
20 g Fett
15 g Eiweiß

1 Sowohl die Knoblauchzehe als auch die Zwiebel schalenlos fein würfeln. Danach die Chilischote entkernen und ebenfalls klein zerteilen.

2 Jetzt die Funktion „Braten" bei 140 Grad Celsius am Multikocher auswählen. Den Timer auf 30 Minuten einstellen und mit dem Olivenöl die Zwiebel- sowie Knoblauch-Würfel und die Chilischote anbraten.

3 Danach das Tomatenmark sowie den Senf einrühren. Jetzt noch den Mais, die Kidneybohnen und die Erbsen abspülen und abtropfen lassen. Den Quinoa ebenfalls kurz abbrausen. Jetzt noch die Paprika ohne Stiel und Kerne klein zerteilen.

4 Die zuvor genannten Zutaten mit der Gemüsebrühe in den Kocher geben. Das Ganze mit Pfeffer, Paprikapulver, Salz und Kreuzkümmel würzen und den Deckel des Topfes schließen.

5 Nun das Programm „Köcheln" auswählen und alles 20 Minuten garen. Währenddessen die Avocado aus ihrer Schale lösen und das Fruchtfleisch in Würfel verwandeln.

6 Ist das Kochprogramm beendet die Avocado-Würfel sowie den Zitronensaft und den Koriander unter das Gericht mischen.

GEMÜSE-GRAUPEN-MIX

 4 Port.
 40 Min.
 Einfach

Zutaten

2 Zucchini
1 Zwiebel
2 Möhren
1 Paprika (rot)
1 Tasse Graupen
30 g Pflanzenöl
2 Tassen Wasser
1 Bund Petersilie (frisch)
Pfeffer
Salz

Nährwerte p. P.

282 kcal
42 g Kohlenhydrate
8 g Fett
7 g Eiweiß

1 Die Graupen abspülen und am besten über Nacht in Wasser einweichen. Dann die Möhren, die Zucchini sowie die Zwiebel abschälen und in kleine Würfel zerteilen. Die Paprika ohne Stiel und Kerne in dieselbe Form bringen. Die Petersilie fein zerhacken.

2 Anschließend sämtliche Zutaten mit den Gewürzen in den Multikocher geben und das Wasser zugießen.

3 Nun das Kochprogramm „Pilau“ am Multikocher wählen, den Deckel schließen und alles 40 Minuten garen.

PILZ-ZUCCHINI-MIX MIT REIS

4 Port.

30 Min.

Einfach

Zutaten

250 g Champignons
2 Zwiebeln
2 Zucchini
1 Möhre
1 Knoblauchzehe
2 EL Pflanzenöl
375 g Reis
½ Bund Schnittlauch (frisch)
½ Bund Petersilie (frisch)
750 ml Wasser
Pfeffer
Salz

Nährwerte p. P.

202 kcal
31 g Kohlenhydrate
6 g Fett
6 g Eiweiß

1 Die Champignons säubern, die Stiele entfernen und den Rest vierteln. Danach die Zucchini, die Zwiebeln sowie die Möhre und die Knoblauchzehe ohne Schale in kleine Stücke zerteilen.

2 Anschließend am Multikocher die Funktion „Braten" bei 160 Grad Celsius einstellen. Die Zwiebeln mit dem Pflanzenöl dann anbraten. Nach ungefähr drei Minuten den Knoblauch, die Zucchini, die Möhren sowie die Pilze zugeben.

3 Ist das Gemüse angebraten, den abgewaschenen Reis mit dem Wasser zufügen. Das Ganze mit Pfeffer sowie Salz verfeinern.

4 Jetzt die Funktion „Pilau" am Multikocher wählen, den Topf schließen und das Ganze 25 Minuten garen.

5 Währenddessen die Petersilie sowie den Schnittlauch klein schneiden und beide Kräuter nach der Garzeit untermischen.

TOMATENSUPPE MIT REIS

 2 Port.  40 Min.  Einfach

Zutaten

50 g Langkornreis
1 EL Margarine (pflanzlich)
1 EL Olivenöl
1 Chilischote
1 Zwiebel
2 EL Tomatenmark
1 Dose passierte Tomaten
1 EL Mehl
1 TL Oregano
1 TL Salz
½ TL Zucker
½ TL Pfeffer
1 l Wasser

Nährwerte p. P.

232 kcal
34 g Kohlenhydrate
12 g Fett
5 g Eiweiß

1 Die Zwiebel schalenlos in feine Würfel verwandeln. Dann die Chilischote entkernen und ebenfalls fein stückeln.

2 Danach den Multikocher auf „Braten" bei 140 Grad Celsius stellen und die Margarine mit dem Olivenöl sowie der Chili und der Zwiebel zugeben. Das Ganze zwischen fünf und sieben Minuten braten.

3 Danach das Tomatenmark sowie das Mehl zugeben und das Ganze ordentlich unterrühren. Alles im Anschluss mit den passierten Tomaten löschen und mit den Gewürzen verfeinern.

4 Jetzt noch das Wasser zugeben und das Paddel einsetzen. Den Multikocher schließen, die Funktion „Suppe" wählen und den Timer auf 40 Minuten stellen.

5 Nach 20 Minuten den Reis zur Suppe geben, den Deckel wieder schließen und weitere 20 Minuten garen lassen.

RÖHRENNUDELN MIT PILZEN UND GEMÜSE

4 Port. 20 Min. Einfach

Zutaten

200 g Hartweizen-Röhrennudeln
2 Tomaten
5 Champignons
1 Zucchini
1 Knoblauchzehe
700 ml Wasser (kochend)
50 ml Olivenöl
Salz

Nährwerte p. P.

259 kcal
27 g Kohlenhydrate
13 g Fett
6 g Eiweiß

1 Die Tomaten, Zucchini, Champignons sowie die Knoblauchzehe in kleine Stücke zerteilen.

2 Anschließend das Gemüse mit den Nudeln sowie dem Olivenöl in den Multikocher geben. Alles mit Salz bestreuen und mit dem kochend heißen Wasser übergießen.

3 Das Mixpaddel in den Kocher einsetzen, den Deckel schließen und das Programm „Pasta“ wählen. Den Timer auf zehn Minuten stellen.

KARTOFFEL-EINTOPF

4 Port. 40 Min. Einfach

Zutaten

1 Paprika (rot)
1 Möhre
7 Kartoffeln (groß)
2 Zwiebeln
1 Knoblauchzehe
3 EL Pflanzenöl
2 EL Tomatenmark
500 ml Gemüsebrühe
2 Lorbeerblätter
Pfeffer
Salz

Nährwerte p. P.

223 kcal
31 g Kohlenhydrate
8 g Fett
4 g Eiweiß

1 Die Möhre sowie die Zwiebel aus ihrer Schale lösen und in Würfel teilen. Beide Zutaten mit dem Tomatenmark in den Multikocher geben.

2 Jetzt die Funktion „Braten" am Kocher einstellen und die Möhren- sowie Zwiebelwürfel anbraten.

3 Jetzt die Kartoffeln ohne Schale würfeln. Gleiches mit der Knoblauchzehe vornehmen. Danach sowohl die Kartoffel- als auch die Knoblauchwürfel zum Möhren-Mix in den Topf geben. Auch die Lorbeerblätter dürfen jetzt dazu, genauso wie die heiße Gemüsebrühe.

4 Danach das Paddel einsetzen, den Deckel des Multikochers schließen und das Programm „Multifunktion" wählen. Die ersten fünf Minuten muss der Eintopf bei 180 Grad Celsius garen. Danach gilt es, die Temperatur auf 110 Grad Celsius zu senken und das Ganze weitere 20 Minuten zu garen. Zu guter Letzt den Eintopf mit Pfeffer sowic Salz verfeinern.

VEGANER SONNTAGSBRATEN IN BLÄTTERTEIG

4 Port.

135 Min.

Mittel

Zutaten

200 g Maronen (vorgegart)
150 g Risotto-Reis
2 Knoblauchzehen
200 g Champignons
2 Zwiebeln
3 EL Pflanzenöl
1 Brötchen (altbacken)
100 ml Weißwein (trocken)
500 ml Gemüsebrühe
1 TL Tomatenmark
2 EL Sojasoße
2 Thymianzweige
1 TL Senfsamen
2 Lorbeerblätter
1 Wacholderbeere
2 TL Paprikapulver
1 Pimentkorn
1 EL Speisestärke
2 Blätterteigrollen (vegan)
Pfeffer
Salz

Nährwerte p. P.

334 kcal
50 g Kohlenhydrate
9 g Fett
7 g Eiweiß

1 Sowohl die Champignons als auch die Maronen sowie die Knoblauchzehen und die Zwiebel in kleine Würfel teilen. Das Brötchen in Wasser einweichen.

2 Danach den Weißwein mit der Gemüsebrühe verrühren. Jetzt das Pflanzenöl in den Multikocher geben und diesen auf Funktion „Braten“ stellen. Hier die Zwiebel-, Knoblauch-, Champignon- sowie Maronenwürfel hineingeben und circa fünf Minuten braten.

3 Danach das Ganze mit dem Weißwein-Gemüse-Mix ablöschen und den Risotto-Reis dazugeben. Jetzt den Deckel des Multikochers schließen, das Programm „Köcheln“ wählen und das Ganze 25 Minuten garen.

4 Dann das Gemüse-Risotto-Gemisch mit dem weichen Brötchen sowie der Sojasoße und dem Tomatenmark vermengen. Den Senfsamen, die Lorbeerblätter, die Wacholderbeere und das Pimentkorn klein mörsern und das Gemisch mit dem Thymian sowie den anderen Gewürzen und der Speisestärke unter den Risotto-Gemüse-Mix kneten. Zu guter Letzt noch die Speisestärke untermischen.

5 Aus der Masse dann einen kompakten Laib formen und diesen in den veganen Blätterteig einwickeln.

6 Das Ganze anschließend in den Multikocher legen und die Funktion „Backen“ auswählen. Gut eine Stunde muss der vegane Sonntagsbraten jetzt hier garen.

VEGANER FESTTAGSBRATEN

8 Port.

60 Min.

Mittel

Zutaten

2 Kartoffeln (groß)
2 Dosen Kidneybohnen
90 g Haferflocken
60 g Walnüsse (gehackt)
3 Knoblauchzehen
100 g Zwiebeln
100 g Staudensellerie
1 EL Pflanzenöl
2 EL Tomatenmark
1 EL Sojasoße
1 EL Balsamico-Essig
½ EL Zwiebelpulver
½ TL Räucherpaprika
½ TL Chiliflocken
½ TL Kreuzkümmel
½ TL Thymian (getrocknet)
1 TL Meersalz
Pfeffer

Nährwerte p. P.

169 kcal
19 g Kohlenhydrate
7 g Fett
9 g Eiweiß

1 Die Kartoffeln ohne Schale mit Wasser und Salz in den Multikocher geben, den Deckel schließen und das Programm „Kochen“ für 15 Minuten auswählen.

2 Während die Kartoffeln garen, den Sellerie, die Zwiebeln und die Knoblauchzehen in feine Würfel verwandeln. Die Walnüsse fein zerhacken.

3 Die fertig gegarten Kartoffeln anschließend zerstampfen und warmstellen. Dann das Pflanzenöl mit den Zwiebelwürfeln in den Multikocher geben. Das Programm „Braten“ auswählen und die Zwiebeln goldbraun anrösten.

4 Anschließend den Sellerie, die Knoblauchwürfel sowie den Balsamico-Essig, die Sojasoße und alle anderen Gewürze zugeben. Das Ganze drei bis fünf Minuten braten. Zum Schluss noch die Kidneybohnen unterrühren.

5 Im Anschluss die zerstampften Kartoffeln zugeben und alles mit den Walnüssen, den Haferflocken und dem Tomatenmark verkneten.

6 Jetzt aus der Masse einen Braten formen und diesen zurück in den Multikocher legen. Den Deckel des Topfes schließen und das Programm „Backen“ auswählen. Den Timer auf 45 Minuten stellen.

ZUCCHINI-WALNUSS-PESTO

5 Port.

30 Min.

Einfach

Zutaten

250 g Hartweizen-Nudeln
4 EL Olivenöl
3 Knoblauchzehen
2 Zucchini
2 Chilischoten
100 g Walnüsse
2 Lauchzwiebeln
1 TL Salz
Pfeffer

Nährwerte p. P.

385 kcal
32 g Kohlenhydrate
22 g Fett
10 g Eiweiß

1 Die Hartweizen-Nudeln mit kochendem Wasser bedecken. Dann den Deckel schließen und am Multikocher die Funktion „Multifunktion" auswählen. Die Nudeln bei 180 Grad Celsius zehn Minuten garen.

2 Danach die Nudeln in einen anderen Topf füllen und den Multikocher säubern.

3 Anschließend die Zucchini in kleine Stücke teilen und die Walnüsse grob zerhacken. Gleiches mit den Knoblauchzehen vornehmen. Die Lauchzwiebeln hingegen in feine Ringe zerlegen und die Chilischoten ebenfalls in kleine Stückchen verwandeln.

4 Jetzt am Multikocher das Programm „Braten" bei 170 Grad Celsius auswählen und die Walnüsse sowie die Zucchini-Stücke in Olivenöl gute 15 Minuten braten.

5 Fünf Minuten vor Ende der Garzeit dann den Knoblauch, die Lauchzwiebeln sowie die Chilis unterrühren.

6 Zu guter Letzt die zuvor gegarten Nudeln unter das Ganze mischen und alles mit Pfeffer sowie Salz geschmacklich verfeinern.

Brot & Brotaufstriche

ITALIENISCHES FLADENBROT

1 Brot | 120 Min. | Mittel

Zutaten

300 ml Wasser (lauwarm)
500 g Weizenmehl
1 EL Zucker
2 TL Salz
7 g Trockenhefe
3 EL Olivenöl
100 g Tomaten (getrocknet)
100 g Oliven (grün)
Italienische Kräuter

Nährwerte pro Scheibe

238 kcal
39 g Kohlenhydrate
6 g Fett
7 g Eiweiß

1 Die Trockenhefe, das Salz sowie den Zucker ins lauwarme Wasser rühren.

2 Dann das Weizenmehl mit dem Olivenöl sowie dem Hefe-Mix im Multikocher so lange verrühren, bis ein glatter Teig entsteht.

3 Anschließend den Teig kurz herausnehmen und den Topfboden mit etwas Öl einstreichen. Danach den Teig wieder in den Multikocher legen.

4 Im Anschluss die Funktion „Hefeteig gären" am Kocher auswählen. Den Timer auf eine halbe Stunde stellen.

5 Nach den 30 Minuten den Teig auf der Arbeitsfläche ausbreiten. Die Oliven sowie die getrockneten Tomaten klein hacken und auf dem Teig verteilen. Obendrauf dann die italienischen Kräuter streuen. Das Ganze dann mit Vorsicht zusammenrollen und zurück in den Multikocher legen.

6 Jetzt die Funktion „Brot" auswählen und alles auf eine Stunde einstellen. Nach dieser Backzeit das Brot einmal wenden und die Funktion „Multifunktion" bei 130 Grad Celsius auswählen. Nach einer weiteren halben Stunde ist das Fladenbrot fertig.

ROGGEN-MISCHBROT

1 Brot | 240 Min. | Einfach

Zutaten

18 g Trockenhefe
300 g Weizenmehl (405)
500 g Weizenmehl (1050)
200 g Roggenmehl (997)
2 EL Salz
800 ml Wasser (lauwarm)

Nährwerte pro Scheibe

191 kcal
15 g Kohlenhydrate
8 g Fett
3 g Eiweiß

1 Die Trockenhefe in 300 Milliliter lauwarmem Wasser lösen. Die Mischung dann mit 300 Gramm Weizenmehl 405 im Multikocher vermengen.

2 Anschließend am Kocher das Programm „Hefeteig gären“ wählen und den Timer auf eine Stunde einstellen.

3 Danach den Teig mit Hilfe eines Plastiklöffels kurz im Multikocher umrühren. Anschließend das übrige Mehl, das Salz sowie das Restwasser zugeben und alles in einen glatten Teig verwandeln.

4 Jetzt die Funktion „Brot“ am Gerät auswählen bei lediglich 35 Grad Celsius und den Timer auf 1 ½ Stunden stellen.

5 Nach den eineinhalb Stunden erneut die Funktion „Brot backen“ wählen bei 135 Grad Celsius. Jetzt verbleibt das Brot eine weitere halbe Stunde im Multikocher.

6 Anschließend muss das Brot einmal im Kocher gewendet werden. In diesem Fall wird dann die Funktion „Multifunktion“ ausgewählt bei 140 Grad Celsius. Nach einer weiteren halben Stunde ist das Roggen-Mischbrot dann aber endlich fertig.

KARTOFFEL-WEISSBROT

1 Brot | 240 Min. | Mittel

Zutaten

1 kg Weizenmehl (550)
200 g Pellkartoffeln
200 ml Wasser (lauwarm)
42 g Frischhefe
200 ml Milch (lauwarm)
4 EL Butter
4 TL Zucker
4 TL Salz

Nährwerte pro Scheibe

72 kcal
8 g Kohlenhydrate
4 g Fett
2 g Eiweiß

1 Für den Vorteig 200 Gramm des Weizenmehls mit der Frischhefe, dem Zucker, dem Salz sowie der Milch und dem Wasser mischen. Dies am besten sofort im Multikocher vornehmen.

2 Danach den Deckel des Multikochers schließen, die Funktion „Hefeteig gären" auswählen und den Timer auf eine halbe Stunde stellen. Die ersten fünf Minuten außerdem das Mixpaddel anstellen.

3 Zwischenzeitlich die Kartoffeln mit Schale garen. Diese dann von ihrer Pelle lösen und fein zerstampfen oder durch eine Kartoffelpresse drücken. Die Butter hingegen schmelzen und dann abkühlen lassen.

4 Den Vorteig einmal mit dem Plastiklöffel gut umrühren. Anschließend alle restlichen Zutaten unter den Teig kneten.

5 Nun das Programm „Brot backen" am Multikocher auswählen. Eineinhalb Stunden bei lediglich 35 Grad Celsius verbleibt das Brot jetzt im Kocher.

6 Danach wird wiederum die Funktion „Brot backen" gewählt, allerdings für eine halbe Stunde bei 135 Grad Celsius. Nach der ersten halben Stunde gilt es, das Brot dann einmal zu wenden und das Ganze erneut eine halbe Stunde mit der Funktion „Multifunktion" zu backen.

BAUERNBROT

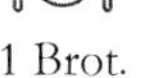

1 Brot. 210 Min. Einfach

Zutaten

500 g Weizenmehl
250 g Roggenvollkornmehl
150 g Kernmischung
100 g Sauerteigpulver
½ Würfel Hefe
500 ml Wasser (lauwarm)
1 TL Salz

Nährwerte pro Scheibe

342 kcal
54 g Kohlenhydrate
8 g Fett
11 g Eiweiß

1 Den halben Würfel Hefe ins lauwarme Wasser bröseln und auflösen. Dann die Mehlsorten mit Salz und Sauerteigpulver mischen und schluckweise die Hefelösung zugießen. Das Ganze in einen glatten Teig verwandeln.

2 Anschließend den Multikocher mit etwas Mehl einstreuen und den Brotteig hier hineingeben. Danach auch den Teig vollständig mit Mehl bestreuen.

3 Jetzt den Multikocher schließen, das Programm „Hefeteig gären" auswählen und den Timer auf eine Stunde stellen.

4 Nachdem der Teig sich verdoppelt hat, diesen erneut ausgiebig durchkneten und dabei auch gleich die Kernmischung einarbeiten.

5 Dann erneut den Multikocher mit Mehl bestreuen, den Teig hineinlegen und auch diesen wieder mit Mehl bedecken. Im Anschluss den Multikocher schließen und die Funktion „Brot backen" auswählen. Im ersten Schritt dann eine Stunde für die zweite Gär-Zeit auswählen. Mit der Temperaturtaste anschließend auch gleich den zweiten Schritt wählen, indem 1 ½ Stunden für das Ausbacken gewählt wird.

6 Sind beide Schritte erfolgreich vom Multikocher vorgenommen worden, gilt es, das Bauernbrot einmal zu wenden. Erneut darf das Brot zum Schluss eine halbe Stunde backen, um rundum kross zu werden.

KLASSISCHES WEIZENBROT

1 Brot.

70 Min.

Mittel

Zutaten

350 g Weizenmehl
180 ml Milch (lauwarm)
1 Päckchen Trockenhefe
½ TL Zucker
60 ml Öl
1 ½ TL Salz

Nährwerte pro Scheibe

182 kcal
25 g Kohlenhydrate
6 g Fett
4 g Eiweiß

1 Die lauwarme Milch mit der Trockenhefe und dem Zucker mischen. Danach das Weizenmehl, das Öl sowie das Salz zugeben und das Ganze ungefähr sieben Minuten kräftig durchkneten.

2 Jetzt den Teig in den Multikocher legen, diesen schließen und die Funktion „Brot" auswählen. Danach im ersten Schritt eine halbe Stunde auswählen. Den zweiten Schritt hingegen mit einer ganzen Stunde einstellen.

3 Nach dem Gärungsprozess sowie einer Stunde des Backens gilt es, das Brot dann einmal im Multikocher zu wenden. Damit auch die Oberseite schön goldbraun werden kann, muss das Brot nun erneut 40 Minuten backen.

FRUCHTIGE ERDBEER-MARMELADE

6 Port.

10 Min.

Einfach

Zutaten

1 kg Erdbeeren
1 Vanilleschote
Saft einer halben Zitrone
500 g Gelierzucker (2:1)

Nährwerte p. P.

396 kcal
95 g Kohlenhydrate
1 g Fett
1 g Eiweiß

1 Die Erdbeeren abbrausen, von ihrem Grün befreien und in kleine Stückchen zerteilen.

2 Diese dann mit dem Gelierzucker, dem Zitronensaft sowie der Vanilleschote in den Multikocher geben und das Mixpaddel einsetzen.

3 Jetzt noch das Programm „Marmelade" auswählen und alles auf eine halbe Stunde stellen. Dann den Deckel schließen.

4 Sobald das Ganze sprudelt, den Timer auf fünf Minuten programmieren.

5 Im Anschluss gilt es, die Marmelade sofort in Einmachgläser zu füllen und diese luftdicht zu verschließen.

LÖWENZAHN-GELEE

4 Port.

20 Min.

Einfach

Zutaten

1 l Wasser
200 g Löwenzahnblüten
Saft einer Zitrone
500 g Gelierzucker (3:1)

Nährwerte p. P.

512 kcal
126 g Kohlenhydrate
1 g Fett
2 g Eiweiß

1 Die Löwenzahnblüten zuerst in kaltes Wasser einlegen und ausgiebig durchspülen.

2 Danach die Blüten mit einem Liter Wasser in den Multikocher geben und das Programm „Multifunktion“ bei 110 Grad Celsius einstellen. Zehn Minuten müssen diese jetzt hier im geschlossenen Topf kochen.

3 Anschließend die Löwenzahnblüten in dem heißen Wasser vollständig auskühlen lassen. Danach das Ganze abseihen und gut ausdrücken.

4 Jetzt noch den Gelierzucker mit dem kalten Löwenzahnsud sowie dem Saft einer Zitrone in den Multikocher geben.

5 Nun gilt es, die Funktion „Marmelade“ für eine halbe Stunde auszuwählen. Unter Rühren muss das Ganze einmal aufkochen und mindestens vier Minuten sprudeln.

ERDBEER-RHABARBER-MARMELADE

5 Port.

70 Min.

Einfach

Zutaten

500 g Erdbeeren
500 g Gelierzucker (2:1)
500 g Rhabarber
1 Vanilleschote
2 EL Zitronensaft

Nährwerte p. P.

451 kcal
108 g Kohlenhydrate
1 g Fett
2 g Eiweiß

1 Den Rhabarber sowie die Erdbeeren säubern und in kleine Würfel zerteilen.

2 Die Rhabarber- sowie Erdbeerwürfel dann mit der Vanilleschote, dem Gelierzucker sowie dem Zitronensaft in den Multikocher geben. Den Mix dann eine Stunde gut durchziehen lassen.

3 Anschließend am Multikocher das Programm „Marmelade" für eine halbe Stunde auswählen.

4 Unter Rühren alles einmal aufkochen und mindestens vier Minuten sprudeln lassen, bevor es mit der Garzeit weitergeht.

BIRNEN-MARMELADE

4 Port. | 190 Min. | Einfach

Zutaten

1 kg Birnen
10 Gewürznelken
2 Stangen Zimt
500 g Gelierzucker (2:1)
1 Vanilleschote
1 Sternanis
1 EL Zitronensaft

Nährwerte p. P.

656 kcal
157 g Kohlenhydrate
1 g Fett
2 g Eiweiß

1 Zuerst einmal die Birnen von ihren Kernen, Stielen und Schalen befreien. Diese dann in kleine Würfel zerteilen. Anschließend das Mark aus der Vanilleschote lösen.

2 Danach sämtliche Zutaten in den Multikocher geben und das Ganze ungefähr drei Stunden ausgiebig ziehen lassen.

3 Jetzt die Funktion „Marmelade" für 30 Minuten am Multikocher auswählen. Die ersten vier Minuten sollte das Ganze allerdings zuerst einmal sprudelnd kochen.

CARIBBEAN-DREAM-MARMELADE

4 Port. 15 Min. Einfach

Zutaten

700 g Ananas
400 g Pfirsiche
400 g Kokosnussmilch
500 g Gelierzucker (3:1)
Saft einer Zitrone

Nährwerte p. P.

222 kcal
40 g Kohlenhydrate
5 g Fett
1 g Eiweiß

1 Sowohl das Fruchtfleisch der Ananas als auch das der Pfirsiche in kleine Würfel zerteilen.

2 Anschließend sämtliche Fruchtfleischwürfel mit der Kokosnussmilch, dem Saft einer Zitrone sowie der Kokosnussmilch in den Multikocher geben.

3 Dann das Programm „Marmelade“ für 30 Minuten am Multikocher einstellen.

4 Die ersten fünf Minuten sollte der Frucht-Mix allerdings erst einmal sprudelnd kochen und anschließend köchelnd zu Ende garen.

One-Pot-Gerichte: Reis & Pasta

FRÜHLINGSGEMÜSE-PASTA

4 Port.

20 Min.

Einfach

Zutaten

350 g Bandnudeln
800 ml Wasser
200 g Schmand
400 g Spargel (weiß)
1 Zwiebel
1 Möhre
1 Bund Frühlingszwiebeln
1 EL Öl
1 Prise Zucker
1 Bund Petersilie
1 Päckchen Radieschen-Kresse
Pfeffer
Salz

Nährwerte p. P.

470 kcal
66 g Kohlenhydrate
16 g Fett
15 g Eiweiß

1 Die Möhre sowie die Zwiebel abschälen und in kleine Würfel zerteilen. Den Spargel ebenfalls von seiner Schale befreien und anschließend in Stücke trennen. Jetzt noch die Frühlingszwiebeln abbrausen und in feine Ringe verwandeln.

2 Danach das gesamte Gemüse mit Öl, Pfeffer, Salz, Zucker, Schmand, Wasser sowie den Bandnudeln in den Multikocher geben und das Mixpaddel einsetzen.

3 Jetzt die Funktion „Pasta“ für zehn Minuten wählen und den Deckel schließen.

4 Während die Nudeln mit dem Frühlingsgemüse garen, die Radieschen-Kresse sowie die Petersilie klein zerhacken und beides zum Schluss unter die Pasta mischen.

RÖHRENNUDELN MIT TOMATEN-MAIS-SOẞE

4 Port. 20 Min. Einfach

Zutaten

500 g Röhrennudeln
1 Dose Mais
1 Glas Miracoli-Soße
1 l Gemüsebrühe
1 Zwiebel
2 EL Öl
Pfeffer
Salz

Nährwerte p. P.

501 kcal
80 g Kohlenhydrate
10 g Fett
16 g Eiweiß

1 Den Mais gut abtropfen lassen. Dann die Zwiebel aus ihrer Schale lösen und in Würfel verwandeln.

2 Anschließend sämtliche Zutaten in den Multikocher legen, das Mixpaddel einsetzen, den Deckel schließen und die Funktion „Pasta“ für 13 Minuten einstellen.

3 Zum Schluss das Ganze noch mit Pfeffer sowie Salz verfeinern.

BANDNUDEL-NESTER MIT HACKFÜLLUNG

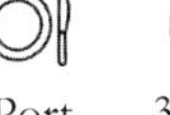

4 Port. 30 Min. Einfach

Zutaten

9 Bandnudelnester
100 g Gouda (gerieben)
250 g Hackfleisch (gemischt)
200 g Zwiebeln
2 Tassen Wasser
Etwas Ketchup
Pfeffer
Salz

Nährwerte p. P.

684 kcal
91 g Kohlenhydrate
20 g Fett
31 g Eiweiß

1 Die Zwiebeln ohne Schale in kleine Würfel teilen und unter das Hack mischen. Aus dem Hack anschließend kleine Bällchen formen.

2 Danach die Nudelnester in den Multikocher legen und auf jedes ein Hackbällchen legen. Darauf dann jeweils einen Klecks Tomatenketchup geben.

3 Zum Schluss über das Ganze den geriebenen Gouda verteilen und die zwei Tassen Wasser zugießen. Jetzt den Deckel des Kochers schließen.

4 Am Multikocher die Funktion „Multifunktion“ auswählen bei 30 Minuten.

ASIA-HÄHNCHEN-NUDELPFANNE

4 Port. 30 Min. Einfach

Zutaten

600 g Hähnchenfilets
300 g Spaghetti
200 ml Sahne
500 ml Wasser
50 ml Sojasoße
200 g Zuckererbsen
1 Knoblauchzehe
1 Zwiebel
1 Möhre
1 Paprika (rot)
1 Paprika (grün)
1 Paprika (gelb)
2 EL Kokosnussöl
2 Lauchzwiebeln
1 EL Kurkuma
1 EL Koriander
1 EL Senf (scharf)
1 EL Paprikapulver (edelsüß)
1 TL Currypulver
1 TL Ingwer
½ TL Zucker
½ TL Pfeffer
1 TL Salz

Nährwerte p. P.

626 kcal
71 g Kohlenhydrate
17 g Fett
42 g Eiweiß

1 Die Hähnchenfilets in kleine Stücke zerteilen. Dann die Paprikas ohne Stiele und Kerne würfeln. Die Zwiebel sowie die Knoblauchzehe aus ihren Schalen lösen und in dieselbe Form bringen. Gleiches mit der Möhre vornehmen.

2 Jetzt das Paddel einsetzen und am Kocher das Programm „Braten" bei 140 Grad Celsius für eine halbe Stunde einstellen.

3 Das Kokosnussöl mit den Hähnchenstücken hier goldbraun anbraten. Danach die Knoblauch- und Zwiebelwürfel zugeben und beide Zutaten fünf Minuten mit garen.

4 Anschließend sowohl die Paprikas als auch die Möhre zugeben. Kurz darauf die Zuckererbsen zufügen und nach weiteren fünf Minuten die Spaghetti. Letzteres einmal in der Mitte durchbrechen.

5 Jetzt noch das Wasser, die Sojasoße sowie die Sahne zu dem Ganzen geben und das Programm „Pasta" für zehn Minuten auswählen. Den Deckel des Multikochers schließen und das Paddel aktivieren.

6 Zwei Minuten vor Ende der Garzeit die zuvor in Ringe geschnittenen Lauchzwiebeln in den Topf geben und das Ganze zu Ende garen.

7 Zum Schluss die Nudelpfanne mit Pfeffer, ein wenig Sojasoße sowie Salz verfeinern.

REIS-HÄHNCHEN-PFANNE

4 Port. 40 Min. Einfach

Zutaten

3 Tassen Langkornreis
500 g Hähnchenbrust-filets
3 Möhren
6 Tassen Wasser
3 Knoblauchzehen
3 Zwiebeln
1 EL Öl
Pfeffer
Salz

Nährwerte p. P.

349 kcal
42 g Kohlenhydrate
6 g Fett
31 g Eiweiß

1 Die Brustfilets kurz abbrausen und dann in Würfel verwandeln. Diese anschließend mit dem Öl in den Multikocher geben, den Deckel schließen und das Programm „Braten" bei 180 Grad Celsius für 30 Minuten einstellen.

2 Während das Fleisch brät, können die Zwiebeln und die Knoblauchzehen fein zerhackt werden und mit dem Hähnchen braten.

3 Jetzt die Möhren von ihren Schalen lösen und klein raspeln. Diese ebenfalls in den Topf geben und mitbraten.

4 Danach noch den Reis abspülen und diesen zum Rest geben. Alles mit Salz sowie Pfeffer verfeinern. Anschließend das Wasser zugießen. Jetzt die Funktion „Pilau" für 25 Minuten einstellen.

SAHNIGER GEMÜSE-REIS MIT PARMESAN

 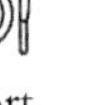  

4 Port. 50 Min. Einfach

Zutaten

250 g Risotto-Reis
100 g Parmesan (gerieben)
100 ml Sahne
1 Zwiebel
1 Brokkoli (klein)
1 Dose Mais
1 Zucchini
800 ml Gemüsebrühe
1 Möhre
1 EL Öl
Pfeffer
Salz

Nährwerte p. P.

301 kcal
23 g Kohlenhydrate
16 g Fett
15 g Eiweiß

1 Das Gemüse säubern bzw. von der Schale befreien und in kleine Würfel zerteilen.

2 Anschließend das Öl mit den Zwiebelwürfeln in den Multikocher geben und das Programm „Braten“ für 15 Minuten wählen.

3 Jetzt die Zwiebel fünf Minuten anbraten und danach das restliche Gemüse zugeben. Nach weiteren fünf Minuten den Reis zufügen und alles einmal umrühren.

4 Nach ein paar Minuten dann die heiße Gemüsebrühe zugießen und die Funktion „Reis“ für 35 Minuten einstellen.

5 Nach ungefähr 20 Minuten die Sahne sowie den zuvor abgetropften Mais zugeben und alles eine Viertelstunde köcheln lassen.

6 Zu guter Letzt den geriebenen Parmesankäse unter das Ganze rühren und mit Pfeffer sowie Salz geschmacklich abrunden.

RISOTTO MIT PARMESAN UND STEINPILZEN

4 Port. 30 Min. Einfach

Zutaten

250 g Risotto-Reis
1 Zwiebel
20 g Steinpilze (getrocknet)
40 g Butter
60 ml Weißwein (trocken)
40 g Parmesankäse (gerieben)
400 ml Gemüsebrühe
200 ml Wasser
Etwas Petersilie (frisch)

Nährwerte p. P.

220 kcal
19 g Kohlenhydrate
12 g Fett
7 g Eiweiß

1 Die getrockneten Steinpilze zuerst in 200 Milliliter Wasser einweichen. Eine Stunde sollte ausreichen.

2 In der Zwischenzeit die Zwiebel von ihrer Schale befreien und in Würfel teilen. Die Zwiebelwürfel dann mit der Butter zusammen in den Multikocher geben.

3 Anschließend den Kocher auf das Programm „Braten“ bei 160 Grad Celsius für 30 Minuten einstellen und die Zwiebelwürfel dünsten.

4 Nach circa fünf Minuten den Risotto-Reis zugeben und alles anschwitzen.

5 Das Ganze jetzt mit dem trockenen Weißwein löschen und so lange köcheln lassen, bis der Reis den Wein aufgesogen hat.

6 Danach die Steinpilze abgießen und das Wasser auffangen. Die Pilze mit in den Multikocher geben.

7 Nach gut zwei Minuten die Brühe zugießen und am Multikocher die Funktion „Reis“ für 25 Minuten einstellen. Das Mixpaddel einsetzen und den Deckel des Topfes schließen.

8 Nach der Garzeit den geriebenen Parmesankäse unterrühren und alles mit der zuvor zerhackten Petersilie bestreuen.

BRAT-REIS MIT SCHINKEN UND ANANAS

2 Port.

15 Min.

Einfach

Zutaten

250 g Kochschinken
1 Ei
1 TL Sojasoße
1 TL Teriyaki-Soße
1 Dose Ananas (Stücke)
1 Päckchen gemischtes Gemüse (TK)
300 g Reis
1 Knoblauchzehe
1 EL Olivenöl

Nährwerte p. P.

408 kcal
77 g Kohlenhydrate
7 g Fett
15 g Eiweiß

1 Das Olivenöl in den Multikocher geben und die Funktion „Sautieren" auswählen.

2 Sobald das Öl heiß geworden ist, das Ei hineingeben und daraus Rührei herstellen.

3 Jetzt den Kochschinken sowie die Knoblauchzehe fein würfeln und beide Zutaten mit den Soßen, dem Gemüse, der Ananas sowie dem Reis zum Rührei geben.

4 Anschließend den Deckel schließen, das Programm „Schnellgaren" auswählen und alles acht Minuten im Topf garen lassen.

WÜRZIGES PLOV

4 Port.

70 Min.

Mittel

Zutaten

1 kg Hähnchenbrust-filets
1 kg Karotten
1 Knoblauchknolle
3 Zwiebeln
3 EL Öl
Etwas Paprikapulver
Pfeffer
Salz

Nährwerte p. P.

215 kcal
15 g Kohlenhydrate
4 g Fett
12 g Eiweiß

1 Die Hähnchenbrustfilets abbrausen und klein zerteilen. Danach das Öl mit den Hähnchenstücken in den Multikocher geben.

2 Beim Multikocher das Programm „Braten" wählen und das Fleisch anbraten.

3 Währenddessen die Zwiebeln sowie die Karotten von ihren Schalen befreien und beides in kleine Würfel zerteilen. Die Karotten- sowie Zwiebelwürfel zum Fleisch geben.

4 Jetzt das Ganze mit den genannten Gewürzen verfeinern. Anschließend den Knoblauch aus der Schale lösen und die Knolle mittig ins Gericht setzen.

5 Danach den Reis gut abspülen. Diesen ebenfalls in den Multikocher geben und das Ganze mit Wasser bedecken.

6 Zu guter Letzt den Multikocher schließen, die Funktion „Reis" auswählen und alles 30 Minuten garen lassen.

GEMÜSE-REIS MIT OLIVEN

1 Port.

25 Min.

Einfach

Zutaten

200 g Reis
130 g Möhren
50 g Zwiebeln
4 g Knoblauch
50 g Oliven (grün)
20 ml Olivenöl
270 ml Wasser
Pfeffer
Salz

Nährwerte p. P.

552 kcal
67 g Kohlenhydrate
26 g Fett
8 g Eiweiß

1 Die Möhren sowie den Knoblauch von ihren Schalen lösen und in kleine Würfel teilen. Die Zwiebel ohne Schale ebenfalls würfeln. Die Oliven lediglich in der Mitte teilen.

2 Danach sämtliche Zutaten in die Schale des Multikochers füllen und das Ganze mit den 270 Milliliter Wasser auffüllen. Alles mit Pfeffer sowie Salz kräftig würzen und ordentlich durchrühren.

3 Zu guter Letzt den Deckel des Multikochers schließen und die Funktion „Kochen“ für 25 Minuten auswählen.

HACKFLEISCH-REISPFANNE

4 Port.

45 Min.

Einfach

Zutaten

140 g Mais (Dose)
150 g Basmati-Reis
400 g Rinderhack
2 Zwiebeln
300 g Erbsen (TK)
2 EL Olivenöl
1 Paprika (rot)
1 Knoblauchzehe
Saft einer halben Zitrone
125 ml Gemüsebrühe

Nährwerte p. P.

450 kcal
23 g Kohlenhydrate
27 g Fett
26 g Eiweiß

1 Die Zwiebel ohne Schale fein würfeln. Danach die Paprika säubern und diese ohne Kerne und Stiel in dieselbe Form verwandeln. Den Mais hingegen abtropfen und die Knoblauchzehe durch eine Presse drücken.

2 Danach das Olivenöl in den Multikocher geben und diesen auf Funktion „Braten“ für 30 Minuten stellen. Die Zwiebelwürfel im Öl anbraten.

3 Nach fünf Minuten das Rinderhack zugeben, den Knoblauch zufügen und alles mit Pfeffer sowie Salz verfeinern. Das Paddel einsetzen, den Deckel schließen und alles zu Ende garen.

4 Anschließend den Mais, die Paprika, die Erbsen und den Reis zufügen. Alles erneut fünf Minuten braten lassen.

5 Das Ganze dann mit dem Zitronensaft sowie der Gemüsebrühe löschen. Den Deckel des Multikochers wieder schließen und das Programm „Reis“ für 30 Minuten auswählen.

Desserts, Kuchen & Joghurt

PORRIDGE MIT BLAUBEEREN

6 Port.

25 Min.

Einfach

Zutaten

400 g Blaubeeren
4 EL Zucker
2 l Milch
400 g Haferflocken
1 TL Salz
80 g Butter

Nährwerte p. P.

618 kcal
65 g Kohlenhydrate
29 g Fett
20 g Eiweiß

1 Am Multikocher die Funktion „Köcheln" auswählen.

2 Danach die Blaubeeren säubern und diese mit allen anderen Zutaten in den Kocher geben.

3 Jetzt den Deckel des Multikochers schließen und das Ganze eine Viertelstunde köcheln lassen.

VANILLE-CHIA-PUDDING

4 Port. 20 Min. Einfach

Zutaten

1 Tasse Chiasamen
350 ml Kokosnussmilch
1 Tasse Wasser
2 EL Ahornsirup
1 TL Bourbon-Vanille
1 Tasse Haferflocken

Nährwerte p. P.

648 kcal
46 g Kohlenhydrate
40 g Fett
19 g Eiweiß

1 Am Multikocher die Funktion „Joghurt“ auswählen.

2 Anschließend sämtliche Zutaten in den Kocher geben und den Deckel schließen.

3 Nach einer Viertelstunde ist der Pudding fertig zum Genießen.

RHABARBER-APFEL-CRUMBLE

 4 Port.  30 Min.  Einfach

Zutaten

300 g Rhabarber
350 g Äpfel
100 ml Wasser
1 TL Stärke
3 EL Zucker
1 EL Zitronensaft
1 EL Wasser (kalt)
100 g Haferflocken
100 g Mehl
4 EL Frischkäse
125 g Butter
150 g Zucker
Etwas Vanillearoma

Nährwerte p. P.

627 kcal
84 g Kohlenhydrate
28 g Fett
7 g Eiweiß

1 Sowohl die Äpfel als auch den Rhabarber ohne Schale in kleine Würfel verwandeln.

2 Danach die Äpfel, den Rhabarber, den Zitronensaft sowie etwas Vanillearoma und drei EL Zucker mit dem Wasser im Multikocher aufkochen.

3 Danach das Programm „Multifunktion" für 15 Minuten auswählen.

4 Jetzt noch die Stärke mit einem EL Wasser verrühren und diese Mischung im Multikocher einkochen lassen. Das Ganze dann umfüllen und den Kocher kurz säubern.

5 Im Anschluss erneut das Programm „Multifunktion" für eine Viertelstunde auswählen. Bei 110 Grad Celsius die Butter hier schmelzen, anschließend das Mehl, die Haferflocken sowie den übrigen Zucker zufügen und das Ganze zu Streuseln backen. Die Masse demnach immer mal wieder gut umrühren.

6 Zu guter Letzt erst den Rhabarber-Apfel-Mix und dann die Streusel auf Desserttellern verteilen. Auf das Ganze jeweils einen Klecks Frischkäse geben.

SÜSSER MILCHREIS

4 Port.

40 Min.

Einfach

Zutaten

1 l Milch (warm)
2 EL Butter
1 Zimtstange
250 g Milchreis
1 EL Zucker
1 Vanilleschote
½ TL Salz
1 Vanilleschote

Nährwerte p. P.

438 kcal
64 g Kohlenhydrate
15 g Fett
13 g Eiweiß

1 Am Multikocher das Programm „Milchbrei“ für 40 Minuten auswählen.

2 Dann das Mixpaddel einsetzen und die Butter mit dem Milchreis zehn Minuten darin anschwitzen. Die Zimtstange sowie die Vanilleschote können jetzt dazugegeben werden.

3 Nach dem Anschwitzen die warme Milch zugießen und den Milchreis mit Zucker sowie Salz verfeinern.

4 Danach den Multikocher schließen und das Ganze eine halbe Stunde ziehen lassen.

5 Vor dem Servieren die Vanilleschote sowie die Zimtstange aus dem Milchreis herausnehmen.

SCHOKOLADENKUCHEN

1 Kuchen

20 Min.

Mittel

Zutaten

80 ml Milch
200 g Schokolade (Zartbitter)
50 g Zucker (braun)
100 g Zucker (weiß)
125 g Butter (weich)
125 g Weizenmehl
3 Eier
3 EL Backkakao
1 TL Backpulver
1 TL Vanille (gemahlen)
1 Prise Salz
Etwas Wasser

Nährwerte p. P.

361 kcal
33 g Kohlenhydrate
23 g Fett
4 g Eiweiß

1 Am Multikocher das Programm „Multifunktion“ bei 180 Grad Celsius für 20 Minuten einstellen. Das Wasser zum Sprudeln bringen, die Schokolade in einer Schüssel ins Wasserbad stellen und den Topf abschalten.

2 Ist die Schokolade geschmolzen, die weiche Butter hier einrühren. Danach den weißen sowie braunen Zucker zugeben und so lange verrühren, bis sich alles aufgelöst hat.

3 Den Schoko-Butter-Mix anschließend in den Multikocher geben und nach und nach die Eier unterrühren. Anschließend die Milch zugießen und alles erneut ausgiebig mischen.

4 Jetzt noch alle trockenen Zutaten zugeben und das Ganze vermischen.

5 Danach die Funktion „Kuchen“ am Multikocher für eine halbe Stunde auswählen und den Deckel schließen.

MÖHRENKUCHEN

1 Kuchen | 30 Min. | Einfach

Zutaten

375 g Möhren
250 g Weizenmehl
4 Eier
200 g Mandeln (gemahlen)
250 g Zucker
1 Päckchen Vanillezucker
250 ml Öl
1 TL Zimt
2 TL Backpulver

Nährwerte p. P.

690 kcal
57 g Kohlenhydrate
45 g Fett
11 g Eiweiß

1 Die Eier mit dem Zucker, dem Zimt sowie dem Vanillezucker gut mischen. Danach das Öl in die Mischung rühren.

2 Anschließend die Mandeln in den Mix geben.

3 Jetzt noch die Möhren von ihrer Schale lösen und fein raspeln. Die Möhrenraspeln ebenfalls in die Eier-Zucker-Mischung rühren.

4 Zum Schluss noch das Weizenmehl sowie das Backpulver hier hineingeben und alles erneut ausgiebig mischen.

5 Den Multikocher ein wenig mit Öl einstreichen. Dann den Kuchenteig hier einfüllen und die Funktion „Kuchen“ für 40 Minuten wählen. Den Deckel schließen und den Möhrenkuchen backen.

MARZIPANKUCHEN

1 Kuchen | 40 Min. | Einfach

Zutaten

400 g Marzipan
6 Eier
200 g Weizenmehl
80 g Zucker
200 g Schoko-Drops (backfest)
200 g Butter
1 TL Backpulver
1 Päckchen Vanillezucker

Nährwerte p. P.

725 kcal
77 g Kohlenhydrate
41 g Fett
12 g Eiweiß

1 Die Eier mit dem Vanillezucker sowie dem weißen Zucker schaumig verrühren.

2 Danach die weiche Butter zugeben und alles erneut gut mischen.

3 Jetzt das Marzipan reiben und diesen unter die erste Masse heben.

4 Das Weizenmehl mit dem Backpulver vermengen und auch diesen Mix in das Eier-Marzipan-Gemisch rühren.

5 Jetzt noch die Schoko-Drops unterheben und den Multikocher mit etwas Butter einpinseln.

6 Den Teig in den Multikocher füllen und am Topf die Funktion „Kuchen" für 40 Minuten einstellen. Den Deckel schließen und den Marzipankuchen backen.

JOGHURT MIT GRANATAPFEL UND WEISSER SCHOKO-CREME

4 Port. | 500 Min. | Einfach

Zutaten

80 g Naturjoghurt
400 ml Milch
1 Granatapfel
100 g Mascarpone
200 ml roter Saft
150 g Schokolade (weiß)
1 EL Puderzucker
2 EL Speisestärke
1 EL Zitronensaft

Nährwerte p. P.

413 kcal
43 g Kohlenhydrate
23 g Fett
8 g Eiweiß

1 Den Naturjoghurt mit der Milch verrühren und die Mischung in den Multikocher geben.

2 Danach den Deckel des Topfes schließen und das Programm „Joghurt" für 480 Minuten auswählen.

3 Währenddessen den roten Saft mit der Speisestärke verrühren und diese Mischung ebenfalls in den Multikocher geben, wenn der Joghurt fertig gereift ist. Den Joghurt allerdings vorher aus dem Topf nehmen.

4 Den Multikocher für den Guss auf „Multifunktion" bei 180 Grad Celsius für zehn Minuten stellen.

5 Zwischenzeitlich die Mascarpone mit dem Zitronensaft sowie dem Puderzucker mischen. Diesen Mix dann unter den Joghurt rühren.

6 Jetzt noch die weiße Schokolade schmelzen und diese ebenfalls in den Joghurt-Mascarpone-Mix geben.

7 Die Kerne aus dem Granatapfel lösen und diese mit der Joghurt-Mascarpone-Creme im Wechsel in Dessertgläser schichten. Auf das Ganze den Guss verteilen.

CHIA-MANGO-JOGHURT

4 Port. 500 Min. Einfach

Zutaten

120 g Naturjoghurt
600 ml Milch
2 Mango
6 EL Chiasamen
1 EL Honig

Nährwerte p. P.

287 kcal
27 g Kohlenhydrate
14 g Fett
11 g Eiweiß

1 Die Milch mit dem Naturjoghurt verrühren und diese Mischung dann in den Multikocher geben.

2 Am Multikocher die Funktion „Joghurt“ für 480 Minuten auswählen und den Deckel schließen.

3 Nachdem der Joghurt fertig gereift ist, diesen mit dem Honig sowie den Chiasamen mischen und das Ganze anschließend zwei Stunden ruhen lassen.

4 Währenddessen die Mangos aus der Schale lösen. Von der einen Mango das Fruchtfleisch in Würfel zerteilen, die andere hingegen pürieren.

5 Zum Schluss den Joghurt in Gläser füllen. Darüber das Mango-Mus geben und dann die Mango-Würfel darauf verteilen.

BANANENSPLIT-JOGHURT

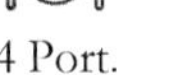
4 Port.

500 Min.

Einfach

Zutaten

2 Bananen
100 g Mascarpone
25 g Puderzucker
400 ml Milch
80 g Naturjoghurt
Saft einer halben Zitrone
4 EL Schokoladenraspeln
6 Schoko-Cookies
2 EL Mandelblättchen
1 Päckchen Vanillezucker

Nährwerte p. P.

352 kcal
41 g Kohlenhydrate
17 g Fett
9 g Eiweiß

1 Den Naturjoghurt mit der Milch mischen und die Mischung in den Multikocher geben. An diesem das Programm „Joghurt“ für 480 Minuten auswählen und den Deckel schließen.

2 Anschließend die Mascarpone mit dem Puderzucker und dem Vanillezucker in den gereiften Joghurt geben und alles glatt verrühren.

3 Die Bananen aus ihrer Schale lösen, in Scheiben teilen und mit dem Zitronensaft versehen.

4 Jetzt noch die Schoko-Cookies grob zerbröseln.

5 Zum Schluss die Joghurtcreme mit den Schokoladenraspeln und den Schoko-Cookies abwechselnd in Dessertgläser schichten. Ganz oben die Bananenscheiben und die Mandelblättchen darauflegen.